Karl Otto Frenzel

Über Gellerts religiöses Wirken

Karl Otto Frenzel

Über Gellerts religiöses Wirken

ISBN/EAN: 9783743307704

Hergestellt in Europa, USA, Kanada, Australien, Japan

Cover: Foto ©ninafisch / pixelio.de

Manufactured and distributed by brebook publishing software (www.brebook.com)

Karl Otto Frenzel

Über Gellerts religiöses Wirken

Litteraturnachweis.

I.

C. F. Gellerts sämtliche Schriften. Berlin, Weidmannsche Buchhandlung. Leipzig, Hahnsche Verlagsbuchhandlung. Neue rechtmässige Ausgabe. 1867. (von J. L. Klee. — 10 Bände [sign. I—X]: im zehnten ist die oft angezogene Gellertbiographie von Cramer mitgedruckt.)

Chr. F. Gellerts Tagebuch aus dem Jahre 1761. Leipzig. T. O. Weigel. 1862. [sign. Tgb.]

Gellerts Briefe an Fräulein Erdmuth von Schönfeld, nachmals Gräfin Bünau von Dahlen, aus den Jahren 1758—1768. Als Manuskript gedruckt. Leipzig, Druck von J. B. Hirschfeld. 1861. [sign. Sch.]

Gellerts Briefwechsel mit Demoiselle Lucius, nebst einem Anhange, herausgegeben von F. A. Ebert. Leipzig (F. A. Brockhaus). 1823.

Gellerts Briefwechsel mit dem Kaiserlichen Gesandten Freiherrn von Widmann. Nürnberg (Stielmer), 1789.

II.

Schriften, welche bei Gellerts Tode oder bald nachher erschienen.

1) Das Grab Gellerts. Ein Gedicht. Leipzig, bei Siegfried Lebrecht Crusius, 1770.

2) Ein Traum bei dem Tode des Herrn Professor Gellerts von ***, zum zweitenmal herausgegeben und mit einem eignen Gedichte vermehrt von J. F. Froriep, Professor der Philosophie und Frühprediger bei der Universitätskirche zu Leipzig. — Leipzig, in der Hollischen Buchhandlung (1770).

3) Auf das Absterben seines Freundes Christian Fürchtegott Gellert von Johann Andreas Cramer, Leipzig, in der Hollischen Buchhandlung.

4) Auf Gellerts Tod, gesungen von Karl Mastalier, der G. J. Priester, und öffentlicher Lehrer der Dichtkunst, am Professhause ebenderselben Gesellschaft. (Leipzig) 1770.

5) Auf Gellerts Tod. Gesungen im Winter 1769 von Michael Denis, aus der Gesellschaft Jesu, Lehrer am K. K. Theresiano. Leipzig, in der Hollischen Buchhandlung.

6) Auf den Tod Gellerts. Von Christoph Regelsberger, aus der G. J. öffentlichen Lehrer der Dichtkunst an der Universität. Wien, gedruckt bey Joh. Thom. Edlen v. Trattnern, K. K. Hofbuchdr. und Buchhändlern, 1770.
7) Auf Gellerts Tod. Von Fidler. Wien, gedruckt bey Johann Thomas Edlen v. Trattnern, K. K. Hofbuchdruckern und Buchhändlern, 1770.
8) Die weinende Muse an der Gruft des Herrn Prof. Gellerts von J. C. S. Leipzig, bei Johann Gottfried Müller, 1770.
9) Zärtliche Klagen eines Jünglings, geweint bei dem frühen Grabe des Herrn Professor Gellerts. Leipzig, bei Christian Gottlob Hilschern, 1770.
10) Die Empfindungen eines Ausländers bei dem Tode des Professor Gellert. Leipzig, bei Christian Gottlob Hilschern, 1769.
11) Empfindungen, bey der betrübten Nachricht von dem Tode des Herrn Professor Gellert, seines unvergesslichen Freundes, von Ehrenfried Liebich. Hirschberg, gedruckt bey Immanuel Krahn. 1770, im Jenner.
12) Meine Klagen bey dem Tode des Professor Gellert. An den Pastor Liebich. Hirschberg, gedruckt bey Immanuel Krahn, 1769.
13) Aufgerichtetes Ehrendenkmal bei dem Sarge des Hrn. Prof. Gellert, von dem Verfasser der Klagen, 1770.
14) Gellerts wahre Grösse, gepriesen durch einen von dankbarer Liebe und würdiger Ehrfurcht gerührten ehemaligen Schüler G. E. Waldau. Leipzig, bei Christian Gottlob Hilschern, 1770.
15) Gellert als Vater, von einem Leipziger Frauenzimmer beschrieben. Leipzig, bey Johann Ehrenfried Walther, 1770.
16) Gellerts Andenken in der Campagne. Aufgerichtet von einem alten erfahrenen Offizier von T**. Frankfurt und Leipzig, 1770.
17) Zu Gellerts Gedächtnisse. Im Christmonat 1769. Leipzig, in der Dyckischen Buchhandlung, 1770.
18) Gellert als ein Gelehrter und ein Christ betrachtet von einem Seiner Verehrer. Leipzig, bey Wilhelm Gottlob Sommer, 1770.
19) Ode an den sel. Prof. Gellert, von J. C. Lavater (1770).
20) Gellerts letzte Vorlesungen herausgegeben und mit einer Vorrede begleitet von einem seiner Zuhörer. Leipzig, bei Johann Gabriel Büschel, 1770.
21) Der vortreffliche Charakter des Herrn Professor Gellerts. Leipzig, bey Johann Gottfried Müller 1770.
22) Gellert, ein tugendhafter Gelehrter. Von einem seiner Zuhörer (o. O. o. J.).
23) In Gellerti effigiem. O** (o. O. o. J.).
24) Eine Ermahnung an die Christen zur Beständigkeit und in einer Bussermahnung den Donnerstag nach dem andern Advent 1769 in der Kirche zu St. Nikolai in Leipzig gehalten

und dabei zugleich über das Leben und Tod des berühmten Herrn Professor Gellerts, welcher die Nacht vorher, den 13. Dez. aus der Zeit in die Ewigkeit gegangen, eine zur Erbauung seiner Zuhörer abzielende Betrachtung angestellt, welche hernach etwas weiter ausgeführt nebst jener auf Verlangen zum Druck ausgehändigt worden von D. Christian Gottfried Mathesius, Archidiakonus und Freitagsprediger bei dasiger Kirche. — Leipzig, mit Langenheimischen Schriften.

25) Dankbares Andenken aufrichtiger Freunde an den Charakter des verewigten Gellert. 1770, im Jänner. Hamburg, bey Johann Carl Bohn.
26) Zur Verewigung des seligen Professor Gellerts. Leipzig, in Commission bey Herrn Christian Friedrich Lienicken. 1770.
27) W. F. H. Reinwald, Ueber Gellerts Tod. Meiningen, bey Friedemann Christoph Hartmann, Herzogl. Sächs. Hofbuchdr. 1770.
28) An Herrn Professor Rammler, Gellerts Tod betreffend, von J. T. Hermes, Hofprediger, und erster Prediger zu Pless. — Leipzig, bey Johann Friedrich Junius. 1770.
29) Das Andenken des Herrn Christian Fürchtegott Gellert, ausserordentlichen Professors der Philosophie, von der Leipziger Universität gestiftet durch Johann August Ernesti. Aus dem Lateinischen. — Leipzig, bey Weidmanns Erben und Reich. 1770. (Ursprünglich als akademische Schrift: Memoriam viri clarissimi et amplissimi Christiani Gellerti . . . . . pie defuncti civibus academicis commendat Rector Universitatis Liter. Lips., bald darauf auch für einen weiteren Leserkreis erschienen unter dem Titel: Elogium viri . . . . . pie defuncti publice scripsit Jo. Augustus Ernesti.)
30) Gellerts Empfehlung. Eine Vorlesung, den 16. December 1769 gehalten, von J. G. Eck. Leipzig, in der Hilscherischen Buchhandlung, 1770.
31) Choffin, Monument érigé à l'honneur de Monsieur le professeur Gellert . . . dans un discours académique. à Leipzig, chez Christian Gottlob Hilscher, 1770.
32) Elegie bei dem Grabe Gellerts von W. im Februar 1770. Leipzig, bey Weidmanns Erben und Reich.
33) Betrachtungen bey dem Absterben Herrn Christian Fürchtegott Gellerts. Von Christoph Gottlieb von Murr. Zweyte Auflage. Nürnberg, bey Johann Eberhard Zeh, 1770.
34) Gellerts Monument. Leipzig, in der Dyckischen Buchhandlung, 1774.
35) Exsequien der Grabesänger Gellerts. (o. O. o. J.)
36) Moralische, Satyrische und Kritische Anatomie der Schriften auf Herrn Professor Gellerts Tod. Frankfurt und Leipzig, 1770 (in vier Teilen).

37) Freundschaftliche Erinnerungen an die Verfasser der moralischen, satyrischen und kritischen Anatomie der Schriften auf den Tod des Herrn Professor Gellerts. 1770. (o. O.)
38) Der Friedensrichter zwischen dem Verfasser des Traums bey dem Tode des Herrn Prof. Gellerts und zwischen dessen kritischen Anatomiker, nebst einer Zugabe. 1770.
39) Noch ein Wort zu den Schriften bey dem Tode des Herrn Prof. Gellerts....... Molliter ossa cubent! Leipzig, 1770. Bey Christian Friedrich Rumpf.
40) Über einige Schriften, die des Herrn Prof. Gellerts Tod veranlasst hat. Ein freundschaftlich Gespräch von R. und M. 1770. (o. O.)
41) Vermischte Anmerkungen über Gellerts Moral, dessen Schriften überhaupt und Charakter. Aus dem zweyten Stücke des zwölften Bandes der Neuen Bibliothek der schönen Wissenschaften und der freyen Künste. Leipzig, in der Dyckischen Buchhandlung. 1772.
42) Christian Fürchtegott Gellerts Leben von Johann Andreas Cramer. 1774. (Enthalten auch in den Ausgaben der Gellertschen Schriften.)
43) Schwäbische Beyträge zu Gellerts Epicedien. Stuttgart bey Johann Benedict Mezler. 1770.
44) Herrn Hubers Lobschrift auf den Herrn Professor Gellert. — Aus dem Französischen übersetzt. Leipzig und Schleiz, bey Johann Gottlieb Mauken. 1771.
45) Betrachtungen bey dem Tode Gellerts an die beiden jungen Herrn Grafen Joseph und Karl von Neipperg von J. H. F. Frankfurt am Mayn, gedruckt mit Andreäschen Schriften, 1770.
46) Gellerts Denkmal. — von Gustav Adolph von Amman. Augsburg, bey Elias Tobias Lotter, 1770.
47) Dem Andenken Gellerts, gewiedmet von der Gräfin von ***. Leipzig, in der Dyckischen Buchhandlung, 1770.
48) Vollständige Sammlung der Gedichte, welche der Tod des Herrn Prof. Gellert veranlasset hat. (1. und 2. Stück.) Leipzig, bey Carl Wilhelm Holle. 1770.
49) Aufrichtige Gesinnungen über das Natürliche und Übertriebene bey denen auf den Tod des verehrungswürdigen Gellerts herausgekommenen Gedächtnissschriften. Leipziger Ostermesse, 1770.
50) Ueber den Werth einiger Deutschen Dichter und über andere Gegenstände den Geschmack und die schöne Litteratur betreffend. Ein Briefwechsel. Frankfurt und Leipzig. 1. Stück 1771. — 2. Stück 1772.
51) Gellert und Rabener, ein Totengespräch. Leipzig, bey Weidmanns Erben und Reich. 1772.

III.
Neuere Litteratur.

Karl Heinrich Jördens, Lexikon deutscher Dichter und Prosaisten. 2. Band. 1807. S. 54—88.

H. Döring, Gellerts Leben. Greiz 1833. Zwei Bände.

Züge aus Gellerts Leben von Dr. Gotthilf Heinrich von Schubert, Kgl. Bayr. Geh. Rath in München. Für einen wohlthätigen Zweck aus dem Gellertbuch abgedruckt. Dresden, Justus Naumann. 1855.

Gellertbuch. Herausgegeben von Ferdinand Naumann. Dresden, Kgl. Hofbuchdruckerei von C. C. Meinhold und Söhne.

Das fromme Leben Christian Fürchtegott Gellerts. Für das Volk beschrieben von D. Gottlob Eduard Leo, Consistorialrath und Superintendent in Waldenburg. Dresden, bei Justus Naumann. Waldenburg, bei dem Verfasser.

Denkschrift, das Gellertdenkmal und das Gellert-Legat betreffend, nebst einem Verzeichnis der Geber. Zur Feier der Enthüllung und Einweihung des Gellert-Denkmals in Hainichen herausgegeben im Auftrage des Comités für Errichtung eines Gellertdenkmals von Dr. Feodor Wehl. — In Commission bei H. Huhn in Hainichen. (1861.)

Rede an der neuen Gellertstatue im Rosenthale zu Leipzig. Gehalten den 7. Juni 1865 bei der XV. deutschen Lehrerversammlung von Dr. G. Fricke. Leipzig. 1865. Verlag von Julius Klinkhardt.

Gellert als Volkslehrer. Von Prof. Dewischeit. Programm des Kgl. Gymnasiums zu Gumbinnen. 1869.

Christian Fürchtegott Gellert. Rede am 13. Dezember 1869 in der Aula der Leipziger Universität gehalten und mit Erläuterungen versehen von Chr. Ernst Luthardt etc. Leipzig, Dörffling und Franke. 1870.

Dr. Reinthaler, Christian Fürchtegott Gellert als Moralphilosoph und geistlicher Liederdichter. Programm des Gymnasiums (Kgl. u. Stadt-) zu Cöslin. . . . 1870.

Julian Schmidt, Zum Andenken Gellerts. Abgedruckt in der Reichardschen Wochenschrift „Im neuen Reich" 1878 Nr. 6, S. 212—226.

Ueber Gellerts erzieherischen Einfluss von H. Schuller. Inauguraldissertation zur Erlangung der philosophischen Doktorwürde an der Universität zu Leipzig. Separatabdruck aus Neue Jahrbücher für Philologie und Pädagogik. 122. Band. Druck von B. G. Teubner in Leipzig. 1880.

A. Schullerus, Gellerts Leben und Werke. Leipzig und Wien. Bibliographisches Institut. Erweiterter Abdruck aus „Meyers Klassikerbibliothek". (1894.)

Hierüber wurden insbesondere noch eingesehen die Abschnitte über Gellert bei

K. Biedermann, Deutschland im 18. Jahrhundert. 2. Bd. 2. Tl. S. 3—70,

Ed. Emil Koch, Geschichte des Kirchenlieds und Kirchengesanges etc. 3. Aufl. 1869,

und in der Allgemeinen Deutschen Biographie, 8. Band (Erich Schmidt), S. 544 ff.,

sowie endlich die beiden Einleitungen zum 43. Bd. (1. Abteilung) der Kürschnerschen Deutschen Nationallitteratur. (Franz Muncker.)

> „Ach Gott, wie muss das Glück erfreun,
> Der Retter einer Seele sein!"
>
> (Gellerts Werke II, 186.)

Fast hundertfünfundzwanzig Jahre sind seit Gellerts Tode verflossen. Eine grosse Blütezeit deutscher Litteratur ist in denselben vorübergegangen, und das bei Gellerts Zeiten so schwache Deutsche Reich ist neu und mächtiger wiedererstanden. Vor der Fülle litterarischer und politischer Ereignisse, welche uns von Gellert trennen, ist das Andenken dieses Mannes zurückgetreten. In der raschlebenden Bevölkerung der deutschen Grossstädte wenigstens wissen die meisten nicht mehr von ihm, als dass er Fabeln und Lieder gedichtet habe, und dass er ein frommer Mann gewesen sei. Auf dem Lande hat sich allerdings mehr Erinnerung an ihn bewahrt. Gar manche von den Vätern ererbte Anekdote wandert noch von Mund zu Mund, ohne dass der Litterarhistoriker von ihr Kenntnis erhielt. — Alles in allem aber sind es doch nur dürftige Überreste des stolzen Bewusstseins, welches im dritten Viertel des vorigen Jahrhunderts jeder biedre Deutsche empfand, wenn Gellerts Name genannt wurde. Es ist nicht übertrieben und wird sich im folgenden genauer ergeben, dass seit D. Martin Luthers Zeiten niemand, selbst Spener nicht, so reichen unmittelbaren Einfluss auf das deutsche Volk gewonnen hat, wie Gellert. — Woraus erklärt sich die ausserordentliche Achtung, welche er in allen Schichten der Bevölkerung genoss? Nur zum Teil aus seinen litterarischen Verdiensten. Wohl war es für den Deutschen eine Freude, zu sehen, wie Gellert die verachtete, vom Unkraut französelnder Sprachmengerei überwucherte Muttersprache wieder mit Leichtigkeit und Liebenswürdigkeit handhabte; wie er durch seine Briefe zeigte, dass dieselbe auch für gebildete Menschen da sei und ausreiche, die tiefsten Empfindungen von Freud und Leid klar und schön auszudrücken. Aber dieses Verdienst allein konnte höchstens bei den oberen Zehntausend einen Eindruck machen, welche nach dem Stande ihrer Bildung fähig waren, es zu würdigen; und dieser Eindruck musste bald zurücktreten vor den genialeren Leistungen eines Klopstock, Wieland, Lessing, Herder und den Erfolgen Schillers und Goethes. Es muss also etwas anderes gewesen sein, was Gellert allgemeine Achtung erwarb und noch lange nach seinem Tode im Herzen des Volkes ein freudiges Andenken sicherte. Dies ist sein religiöses Wirken oder, um mit Goethe zu reden, seine Bedeutung „für die sittliche Kultur des deutschen Volkes".

Dieses religiöse Wirken Gellerts soll Gegenstand der folgenden Darstellung sein. Dieselbe lässt sich jetzt eher geben als früher, weil wir neben des Dichters eigentlichen Werken sowie den moralischen Vorlesungen, durch welche er auf die akademische Jugend so viel Einfluss gewann, auch einen beträchtlichen Teil seines Briefwechsels besitzen, vor allem den mit Demoiselle Lucius und mit Fräulein Erdmuthe von Schönfeld. So hat man sich seit dem Erscheinen der neuen Ausgabe Gellertscher Schriften 1839 der Bedeutung dieses Mannes nach andern Seiten hin bereits mehrfach angenommen. In der vorliegenden Untersuchung war Verfasser bemüht, neben Gellerts Werken die Aussagen von dessen Zeitgenossen in möglichst weitem Umfange zu Rate zu ziehen.

Zuvörderst scheint es nötig, die Voraussetzungen aufzuzeigen, unter denen Gellerts religiöses Wirken zu stande kam. Sie liegen einmal in der Eigenart seiner religiösen Stellung, sodann aber in des Dichters äusserer Lebensführung, die ihn auf einen bedeutsamen kulturgeschichtlichen Schauplatz stellte, wo er seine litterarischen Gaben entfalten konnte.

Gellerts Leben fällt in eine Zeit, in der die theologische Wissenschaft nicht geschlossen auftrat. Vielmehr sind gerade die ersten Jahrzehnte seines Lebens eingenommen von dem gewaltigen Ringen verschiedener Systeme, die unmittelbar auf das praktische Christentum zurückwirkten und die beim Einzelnen leicht einen Zustand religiösen Schwankens herbeiführen konnten. Die altlutherische Orthodoxie mit ihrem staunenerregenden Lehrgebäude hatte sich durch tote Veräusserlichung fast unmöglich gemacht, und der ehrwürdige Valentin Ernst Löscher versucht in seinem 1722 ausklingenden litterarischen Kampf wider die Halleschen Pietisten — besonders Joachim Lange — zum letzten Male, die Herrschaft der altgläubigen Schule zu retten. Vergebens! Denn neben dem siegesstolzen Pietismus erhob sich bald ein neuer Gegner der Orthodoxen, die Wolffsche Philosophie, deren mathematische Demonstrationsmethode von namhaften deutschen Theologen zunächst mit Vorsicht angewandt wurde, um die christlichen Glaubensgeheimnisse mit Vernunftgründen zu stützen, und die bald weiter zum flachen Raisonnement der aufklärerischen Popularphilosophie führte. Dieser Rationalismus siegte schliesslich auch über den Pietismus, weil sich dieser nach dem Tode seiner Führer Spener und Franke mehr und mehr von den wissenschaftlichen Aufgaben der Theologie entfernte und ausschliesslich auf den engen Kreis des Biblisch-Erbaulichen zurückzog. Erleichtert wurde dieser Sieg der Aufklärung noch durch die aus Frankreich und England kommenden naturalistisch-deistischen Beeinflussungen. Während der französische Naturalismus an den Fürstenhöfen, insonderheit Berlin, sein Lager aufschlug, begann die Freigeisterei des englischen Deismus auf die gebildeten Schichten des deutschen Volkes einzuwirken, als die zahlreichen, meist schwachen Widerlegungen desselben dem kritisch veranlagten Publikum durch Übersetzung bekannt wurden.

Zwischen diesen sich feindlich bekämpfenden Strömungen einer starren Orthodoxie, eines entartenden Pietismus und einer vernunftbegeisterten Aufklärungstheologie standen natürlich in Gellerts Zeitalter auch vermittelnde Anschauungen, die das Gute aus allen Richtungen aufnehmen wollten, ohne in einseitige Fehler zu verfallen. Gellerts Christentum musste zu diesen verschiedenen Richtungen Stellung nehmen und durch dieselben beeinflusst werden. —

Gellert war von Haus aus eine religiös gerichtete Natur. Das Gebet, welches sein Vater bei der Geburt seines Christian Fürchtegott ins Kirchenbuch schrieb[1]), dass dieser wohlgeraten und fromm und ewig selig werden möchte, begann dank der frommen Erziehung, die der Knabe erhielt, frühzeitig in Erfüllung zu gehen. Die dürftigen Lebensverhältnisse im Elternhause und die körperliche Schwächlichkeit des Knaben brachten es mit sich, dass er nur selten zum rechten Genuss seiner Jugend kam. Umsomehr aber richtete er seinen Blick bereits damals nach der jenseitigen Welt, in der er sich sein ganzes Leben lang durch gläubigen Gebetsverkehr mit Gott heimisch fühlte. Doch war es nicht ein zügelloses Sichhinüberträumen nach phantastischen Ewigkeitsgestaden, sondern Gellerts Blick auf die „andere Welt" wurde geklärt und bestimmt von seiner eifrigen Bibellektüre, die er ebenso wie das Gebet von Jugend an sein ganzes Leben hindurch gewissenhaft übte[2]). Die biblische Belesenheit aber gab seinem religiösen Leben auch eine heilsam kräftige Beziehung auf diese Welt, der Gellert bereits durch sein vielseitiges Interesse für irdische Wissens- und Lebenskreise nicht fern stand. Wenngleich ihn seine zunehmende Kränklichkeit und die gewiss daraus hervorgehende schwermütige Stimmung gelegentlich zu Äusserungen brachte wie die: „nicht hier, erst

---

[1]) X, 157 Anm.
[2]) Vergl. die gelegentlichen Notizen in Gellerts Tagebuch v. J. 1761: 18. Jan. — 7. Febr. — 11. Febr. und vor allem sein „aufrichtiges" Selbstbekenntnis VI, 191 f. MV[10]: „Ich habe fünfzig Jahre gelebt und mannigfaltige Mühseligkeiten des Lebens erduldet und nirgends mehr Licht in Finsternissen, mehr Stärke, mehr Trost und Mut in den Leiden gefunden als bei der Quelle der Religion. Dieses bezeuge ich auf mein Gewissen" u. s. w.

dort soll ich glücklich werden"[3]), so überwog doch eine andere Auffassung des irdischen Lebens. Er betrachtet es meist nicht als lästige Fessel, die uns angelegt ist, sondern als eine angenehme Zeit, die uns gegeben wurde, damit wir in treuer Erfüllung unserer irdischen Berufspflichten und eifriger Beobachtung kirchlicher Sitte am inneren Menschen wachsen[4]).

An diese von Haus aus religiöse Natur Gellerts traten nun die verschiedenen theologischen Strömungen heran, zum Teil schon während seines Studiums in Leipzig, wo Hofmann gegen die Wolff'sche Philosophie eiferte, mehr noch später, als Gellert durch seinen Freund Ebert, einen Mitarbeiter an den Bremer Beiträgen, zum Verständnis der englischen Sprache[5]) und damit zur Lektüre der antideistischen Schriften geführt wurde.

Jede der genannten Anschauungen fand in ihm verwandte Seiten und gewisse Vorbedingungen zur Aufnahme. Das klare Lehrgebäude der Orthodoxie musste bei ihm schon deshalb Zustimmung finden, weil es der christlichen Unterweisung entsprach, die ihm in Elternhaus und Schule zu teil geworden, und weil es sich auf der Schrift erbaute, in der er täglich gläubig forschte. Aber auch der Pietismus mit seinem Drängen nach lebendigem Christentum, mit seinen Andachtsübungen fand in Gellert fruchtbaren Boden, besonders in der zweiten Hälfte seines Lebens. Endlich konnte auch der Rationalismus mit gewissem Erfolg an ihn herantreten; denn so abhold auch Gellert frecher Freigeisterei war, so sehr trieb ihn doch der Mangel an orthodox-dogmatischer Spekulation einerseits und der offene Blick für die Wunder Gottes in Natur und Menschenleben andrerseits dazu, seinen christlichen Glauben in Übereinstimmung mit den Ergebnissen eines vernünftigen Denkens zu setzen.

Es entsprach der Fähigkeit Gellerts, sich in fremde Anschauungen hineinzudenken, der Schüchternheit, mit der er seinen eignen Willen geltend machte, und der guten Meinung, die er meist von seiner Umgebung hatte, dass er sich keiner der genannten theologischen Richtungen bis zur Einseitigkeit hingab, sondern sie in ihrer Verschiedenartigkeit auf sich wirken liess. Zu einer theologischen Ausgleichung der aufgenommenen Elemente ist es bei Gellert nicht gekommen, konnte es auch nicht kommen. Denn nur, weil er nie allseitig die Konsequenzen seiner theologischen Anschauungen zog, war es möglich, dass er in seiner Person das Festhalten am dogmatischen Kirchenglauben mit aufklärerischen Anschauungen vereinte.

[3] II, 127.
[4] Z. B. IX, ep. 317: „Bete, wache, thue deine Pflicht und beschäftige dich nützlich; und das thue täglich und auch täglich prüfe dich hierüber! Dies ist die wahre und höchste Weisheit."
[5] VIII, ep. 31.

Dieses Nebeneinandergehen verschiedener Richtungen ohne rechte Vermittlung lässt sich auch in den Werken verfolgen, die er zur Förderung der Religiosität schrieb. So nehmen manche fast keinen Bezug auf die eigentlichen Heilswahrheiten der Erlösung. In dem moralischen Gedicht „der Christ" wird das Christentum als eine fortgesetzte Ausübung vernunftgemässer, tugendhafter Handlungen beschrieben, als eine „Lehre", in der nichts sei, das der Vernunft ein Schimpf und Gott nicht rühmlich wäre. Auch der feierliche Tod des Christen wird geschildert. Aber weder reflektiert der Dichter über Sündenerkenntnis und Busse, noch kommt überhaupt — eine ganz unwesentliche Stelle ausgenommen [6]) — der Herr Christus in dem langen Gedichte vor. Man hat den Eindruck förmlicher Dogmenflucht. Und derselbe Dichter bekennt sich einem böhmischen Geistlichen gegenüber, der ihn zum Konfessionswechsel aufforderte, als bewusstes Glied der lutherischen Kirche: „Gott gebe, dass ich täglich durch Glauben und Gehorsam mich zu einem seligen Tode vorbereite; und den hoffe ich in der Religion, in der ich leben und sterben werde, in der Religion der heiligen Schrift [7])."
In den 1757 erschienenen geistlichen Oden und Liedern aber gehen, worauf Albrecht Ritschl aufmerksam macht [8]), geradezu zwei Richtungen ziemlich unvermittelt nebeneinander. Die für die kirchlichen Festzeiten bestimmten Lieder drücken ihre Zustimmung zu der überlieferten Auffassung von Christi Geburt, Tod, Auferstehung, Erhöhung zur Herrschaft über die Welt mit grosser Wärme und unzweifelhafter Aufrichtigkeit aus [9]). Auch in einigen andern Liedern findet sich die Kirchenlehre über das Erlösungswerk ausgesprochen [10]). Die meisten aber verhalten sich zu den heilsgeschichtlichen Wahrheiten so indifferent, dass der Verfasser als Rationalist erscheint. Diesen Eindruck vermag auch die fortgesetzte Bezugnahme auf die göttliche Vorsehung nicht zu ändern. Denn Gellert besitzt zwar einen lebendigen Glauben an die Vorsehung Gottes und bringt ihn oft zum Ausdruck; aber er leitet ihn nicht aus dem Kindschaftsverhältnis

---

[6]) II. 37: „Die Lehre Jesu siegt."
[7]) IX, ep. 267 v. J. 1762.
[8]) Albr. Ritschl, Die christliche Lehre von der Rechtfertigung und Versöhnung. 3. Auflage. 1888. Dritter Band S. 177—179.
[9]) Vergl. aus dem Passionsliede II, 103 ff.: „Dein Mörder, Jesus, war auch ich; denn Gott warf aller Sünd' auf dich, damit wir Friede hätten"; aus dem Osterlied II, 175 ff. „Jesus lebt, mit ihm auch ich"; „Gott verstösst in Christo nicht"; aus dem Himmelfahrtslied II, 135 ff. das Ende: „Er sitzt zur Rechten des Herrn. Er lebet und regieret von Ewigkeit zu Ewigkeit."
[10]) II, 107 f. Der thätige Glaube: „Durch Jesum rein von Missethat, sind wir nun Gottes Kinder"; II, 118 f. Trost der Erlösung: „Nimm mir den Trost, dass Jesus Christ am Kreuz nicht meine Schuld getragen, nicht Gott und mein Erlöser ist, so werd' ich angstvoll zagen."

ab, in welches wir durch Christum zu Gott getreten sind, sondern aus der natürlichen Religion. So wird in der „Ehre Gottes aus der Natur"[11]) von der unzähligen Menge der Wesen, von der Ordnung und Kraft in den Wunderwerken der Schöpfung nicht nur die Gotteserkenntnis, sondern auch die christliche Pflicht, Gott zu vertrauen, abgeleitet. Dieser Irrtum reicht zwar bis in die orthodoxe Theologie zurück[12]), er ist aber für den Rationalismus insofern charakteristisch, als letzterer den Vorsehungsglauben festhielt, so ablehnend er sich sonst den Dogmen gegenüber zeigte.

Ein solches Nebeneinandergehen verschiedener theologischer Anschauungen macht es begreiflich, dass sich dogmatische Unklarheiten bei Gellert einstellten. Die Aufforderung zu tugendhaftem Leben und das Festhalten an der göttlichen Erlösungsgnade treten in ganz unklare Beziehungen. So singt der Dichter in dem Passionsliede[13]): „Herr, stärke mich, dein Leiden zu bedenken", Vers 16:

„Unendlich Glück! Du littest uns zu gute.
Ich bin versöhnt mit deinem teuren Blute.
Du hast mein Heil, da du für mich gestorben,
Am Kreuz erworben." — Vers 17 aber fragt er:
„So bin ich denn schon selig hier im Glauben?
So wird mir nichts, nichts meine Krone rauben?
So werd ich dort, von Herrlichkeit umgeben,
Einst ewig leben?"

Man erwartet gewiss eine bejahende Antwort; aber dieselbe fällt anders aus; Vers 18:

„Ja, wenn ich stets der Tugend Pfad betrete,
Im Glauben kämpf, im Glauben wach und bete,
So ist mein Heil schon so gewiss erstrebt,
Als Jesus lebet."

Liest man diese und ähnliche Stellen aus Gellerts Liedern, so wundert man sich nicht, wenn der schon erwähnte böhmische Geistliche[14]) auf die Vermutung kam, Gellert sei kein rechter Protestant und werde sich zum Übertritt ins römische Lager bewegen lassen.

Wir sehen, Gellerts theologische Stellung wird thatsächlich von verschiedenen Richtungen beeinflusst und dies wirkte in eigentümlicher Weise auf sein persönliches Christentum ein.

---

[11]) II, 80: „Die Himmel rühmen des Ewigen Ehre" u. s. w.

[12]) Joh. Gerhard trägt die Schuld, indem er den Glauben an Gottes Vorsehung zur natürlichen Theologie schlägt; s. Ritschl a. a. O. S. 173.

[13]) II, 158 ff. — Ritschl bringt a. a. O. noch ein anderes Beispiel aus II, 102: Der Weg des Frommen. V. 1.

[14]) Das Lied, an welchem er Anstoss nahm, steht II, 107: Der thätige Glaube.

Zwar konnte Gellert, der von Haus aus religiös gerichtet war, durch die Vernunftreligion der Aufklärung nimmermehr zum Unglauben verführt werden, noch konnte er sich in die Oberflächlichkeit toter Orthodoxie verlieren. Mit andern Worten: keine dieser Richtungen konnte ihn ganz einnehmen. Er blieb im Grunde seines Herzens, was er war: ein bibelgläubiger, ernster Christ von milder Orthodoxie und einem gut Teil an edlem Pietismus, der erst im letzten Jahrzehnt seines Lebens mit dem wachsenden körperlichen Siechtum zu selbstquälerischen Verirrungen führte. Aber einen greifbaren Ertrag hatten die theologischen Anschauungen Gellerts doch für seine religiöse Stellung: sie schufen jene weitherzige Toleranz, mit der er andern Gestaltungen des Christentums gegenüber stand. Nur muss man nicht denken, dass er, durch diese Milde verleitet, seinen religiösen Standpunkt überhaupt aufgegeben habe und unfähig geworden sei, andere segensreich zu beeinflussen.

Wie vermittelnd nämlich die theologische Stellung auch war, welche Gellert einnahm, wie viele Unklarheiten sie auch aufwies, so scharf war doch der religiöse Blick, mit dem er die Welt um sich herum betrachtete, ob sie für oder wider Gott sei. Wie sehr der gelehrte Professor ein Kind der religiösen Zeitströmungen war, so entschieden regte sich doch in ihm das Gefühl der Verpflichtung, diejenigen zu warnen und zurückzubringen, die auf dem Wege aufklärerischer Freigeisterei zu Religionsspöttern oder Verächtern geworden waren. Und diese innere Verpflichtung, Seelen zu retten, hatte ihren tiefsten Grund in der schon erwähnten Richtung auf das Jenseits, in welchem die wahre Glückseligkeit in Gottes Gemeinschaft zu finden sei, eine Glückseligkeit, die Gellert selbst erlangen wollte, die er aber auch allen Mitmenschen von Herzen wünschte. Daher wurde ihm der Gewissensdrang, Seelen zu werben, zur freudig ergriffenen Aufgabe. „Ach Gott, wie muss das Glück erfreun, der Retter einer Seele sein", diese Worte aus seinem Liede „Nach einer Prüfung kurzer Tage", welche ihrem Wortlaut oder wenigstens ihrem Inhalt nach in Gellerts Schriften und denen seiner Schüler oft wiederklingen[15]), bilden gleichsam seinen religiösen Wahlspruch und bezeichnen kurz die wertvollste Seite der Religiosität Gellerts, nämlich die nach missionarischer Wirksamkeit drängende Kraft seines Christentums.

[15]) Wörtlich VI, 141 MV⁷, — vgl. auch VIII, ep. 66. — IX, ep. 326 im Brief an Caroline Lucius: „Danken Sie Gott, dass Sie so glücklich sind, sich um die Wohlfahrt einer Seele verdient machen zu wollen und auch zu können", — ferner die Grabschriften: Betrachtungen bei dem Tode Gellerts an die beiden Grafen von Neipperg S. 32: „Dann rufet Ihr entzückt dem Geiste Gellerts zu: Dank sei dir, denn du hast das Leben, die Seele uns gerettet, du!" Vollständige Sammlung der Gedichte, welche der Tod etc. S. 99, 138.

Die innere Möglichkeit und Absicht, religiös zu wirken, war also bei Gellert vorhanden. Dass er aber diese Wirksamkeit in reichem Masse entfalten konnte, verdankte er seiner Lebensführung, die ihn auf einen bedeutenden kulturgeschichtlichen Schauplatz stellte, wo er seine litterarischen Gaben voll entfalten konnte und auch einen Kreis lernbegieriger Schüler um sich sah.

Es war dies Leipzig, an dessen Universität Gellert 1734 bis 1738 als Student neben theologischen Vorlesungen auch solche über Philosophie, Historie und Litteratur gehört hatte, und nach dem er sich 1741 im Alter von sechsundzwanzig Jahren zurückbegab, um, wenn möglich, sein Leben an diesem Orte zuzubringen[16]). Leipzigs Hochschule war auch damals berühmt und besucht. Hier wirkte vor allem Gottsched, der in seinem „Versuch einer kritischen Dichtkunst für die Deutschen" den jungen Dichtern strenge Gesetze für die — erlernbare — Poesie erteilte, der sich um die Theaterreform viel Verdienste erworben, der das deutsche Schriftstellertum recht eigentlich zu Ehren gebracht, freilich sich bald in stolzer Selbstüberschätzung zum unfehlbaren Kunstrichter erhoben hatte. Als Gellert 1741 nach Leipzig zurückkehrte, hatte der Streit zwischen Gottscheds Schule und den Schweizern bereits leidenschaftliche Art angenommen. Denn im Jahre zuvor waren Breitingers kritische Dichtkunst und Bodmers Abhandlung vom Wunderbaren in der Poesie erschienen und hatten bei Gottsched grosse Missbilligung gefunden. Seine Schüler beteiligten sich lebhaft am Kampfe wider die Schweizer, der leider nicht wissenschaftlich sachlich, sondern leidenschaftlich polemisch geführt wurde. Im Juli 1741 erschienen, aus Gottscheds Lager hervorgegangen und vom Litteraturdiktator gebilligt und unterstützt, die vom Mag. Schwabe herausgegebenen „Belustigungen des Verstandes und des Witzes"! Auch Gellert lieferte in diese moralische Monatsschrift alsbald Fabeln, Erzählungen, Schäferspiele (das Band, Sylvia), Lehrgedichte und andere poetische Versuche, auch einige Abhandlungen. Er zog durch seine Fabeln sofort allgemeine Aufmerksamkeit auf sich und „in jedem neuen Stücke sah man zuerst nach, ob eine Fabel oder Erzählung von Gellerten darinnen wäre[17])." So wurde er durch den raschen Beifall ermutigt, seine dichterischen Versuche fortzusetzen. Das Parteigezänke aber, welches auch diese Zeitschrift erfüllte, verleidete vielen strebsamen Kräften die weitere Mitarbeit. Darum gründeten sie im Herbst 1744 bez. Neujahr 1745 (erstere Angabe bezieht sich auf die Vorrede) eine andere von Gottsched unabhängige Zeitschrift: „Neue Beiträge zum Vergnügen des Ver-

---

[16]) Cramer X, 178.
[17]) Cramer X, 182.

standes und Witzes", nach dem Verlagsort kurz „Bremer Beiträge" genannt. Gellert, der mit Karl Christian Gärtner, dem ersten Herausgeber des neuen Werkes, und mit Rabener schon von Meissen her innig befreundet war, schloss sich zögernd den Beiträgern an und veröffentlichte in ihrer Zeitschrift 1745 und 1747 zwei Lustspiele: „Die Betschwester" und „Das Los in der Lotterie".

An der 1748—55 erscheinenden „Sammlung vermischter Schriften von den Verfassern der Bremischen Beiträge zum Vergnügen des Verstandes und Witzes" beteiligte er sich jedoch nicht, gab vielmehr seine litterarischen Erzeugnisse besonders heraus, so 1746 seinen Roman „Das Leben der schwedischen Gräfin von G**", in demselben Jahre seine „Fabeln und Erzählungen", im nächsten die Abhandlung „Von den Trostgründen wider ein sieches Leben", 1748 seine gesammelten Lustspiele, 1751 „Briefe nebst einer praktischen Abhandlung von dem guten Geschmack in Briefen", 1754 „Lehrgedichte und Erzählungen", 1757 seine „Geistlichen Oden und Lieder"; nebenher noch kleinere Schriften und Abhandlungen. Eine Zeit lang hat sich Gellert auch als Korrespondent am Journal étranger beteiligt[18]).

Es ist hier nicht der Ort, auf die litterarischen Vorzüge und Mängel der Werke Gellerts einzugehen, sowie nochmals auszuführen, dass er kein dichterisches Genie, sondern nur ein vielseitiges Talent gewesen sei. Sicher aber trug die flüssige, leichte, bisweilen allerdings weitschweifige Sprache und die schlichte Klarheit der Gedanken mit dazu bei, seinen Werken eine beispiellos weite Verbreitung zu verschaffen und ihren Verfasser in einen ausgedehnten Briefwechsel hineinzuziehen. Die „Trostgründe wider ein sieches Leben" wurden ins Französische, Russische und Schwedische übersetzt[19]); seine „Fabeln und Erzählungen" konnte man in sieben lebenden Sprachen und ausserdem in hebräischer und lateinischer Übersetzung erhalten[19]); sie waren das Buch der Nation geworden; man las sie in allen Ständen und bei beiden Geschlechtern[20]), auch da, wo man sonst nichts las[21]). Fast gleiche Verbreitung fanden

---

[18]) Th. Süpfle, Geschichte des deutschen Kultureinflusses auf Frankreich, 1. Bd. S. 157.

[19]) Jördens Lexicon Art. „Gellert".

[20]) Mathesius, Eine Ermahnung etc. — Betrachtungen an die Grafen v. Neipperg p. 24 5. — Schwäbische Beyträge etc., Vorrede S. 6: „Man weiss in Schwaben Gellerts Verdienste nicht nur zu schätzen, sondern man fühlt auch seinen Tod, weil alle seine Schriften von beiderlei Geschlecht, wo nicht überall (wie davon die Cantate von Marchthal für die Dauphine ein Zeuge ist), doch an den meisten Orten mit Vergnügen und Nutzen gelesen werden."

[21]) Vermischte Anmerkungen über Gellerts Moral etc. S. 9. Schwäbische Beyträge S. 4: „Man frage, wie schon Abbt bemerkte, in Dörfern und kleinen Städten nach einem Klopstock, Ramler, Weise, Gerstenberg,

seine Lieder. Nicht genug, dass sie alsbald in den Leipziger Gottesdiensten[22] und im übrigen evangelischen Deutschland[23] gesungen und bis zu Gellerts Tode viermal musikalisch bearbeitet wurden[24]): während der ersten zweiunddreissig Jahre nach ihrem Erscheinen hatte man sie ins Französische, Dänische, Holländische und Slovakische übersetzt[25]). Auch die andern Schriften wurden viel gelesen: die Briefe, welche er 1751 nebst einer praktischen Abhandlung vom guten Geschmack herausgab, wurden zehn Jahre später ins Französische übertragen[26]), und der Wunsch, er solle seine moralischen Vorlesungen in Druck geben, wurde schon bei seinen Lebzeiten laut[27]).

Überhaupt fand Gellert mit seinen Schriften bei allen christlichen Konfessionen Beifall, auch bei den Katholiken. In katholischen Ländern war die Lektüre seiner Schriften von Kirche und Staat ausdrücklich gestattet. Meinhard, der Reisebegleiter des dänischen Grafen Ludwig Moltke, schrieb freudig erregt an Gellert, der Präsident des Wiener Büchergerichts, van Smieten, habe beim Anblick Gellertscher Schriften zu ihm gesagt: nous vous regardons comme frères, et vous n'avez rien à craindre pour vos libres de dévotion, pour les ouvrages de Monsieur Gellert; nous les admirons et les respectons[28]). Selbst in einem katholischen Gesangbuche Oberösterreichs fanden Gellerts Lieder Aufnahme, und aus Mailand lief ein Schreiben ein, welches zeigte, dass sie auch dort viel gelesen wurden[29]).

Auch in Paris, wo man damals die deutsche Litteratur mit regem Interesse verfolgte[30]), wurden Gellerts Schriften viel

---

Kretschmann? und niemand kennt sie. Nach einem Gellert? und mancher Bauer wird ihm seinen Beifall zulächeln." Der Grund für diesen Einfluss Gellertscher Fabeln liegt, abgesehen von der fliessenden Sprache, durch welche er dem erwachenden „guten Geschmack" Rechnung trug, in dem besonders volkstümlichen Ton.

[22]) IX, ep. 244 v. J. 1761. — Cramer a. a. O. X, S. 211.
[23]) In Celle und Hannover nahm man sie in die neuen Gesangbücher auf. Cramer a. a. O. X, S. 211.
[24]) Darunter durch Johann Adam Hiller. Später komponierte Beethoven: „Sechs Lieder von Gellert, am Klavier zu singen" 1804. — Vgl. X, ep. 363, wo Carol. Lucius berichtet, dass Gellerts Lieder in ihrem Hause auf dem Klavier oder auf der Flöte begleitet wurden.
[25]) Ed. Em. Koch, Geschichte des Kirchenliedes. 3. Aufl., 1869, I, 6.
[26]) IX, ep. 223 u. 237.
[27]) Z. B. durch Frhrn. v. Widmann, der Gellert vorübergehend gehört hatte. IX, ep. 217.
[28]) IX, ep. 301.
[29]) Cramer a. a. O. X, S. 211.
[30]) Genaueres hierüber siehe bei Süpfle a. a. O. S. 157. — Die allgemeinere Aufmerksamkeit wurde hier auf Gellert durch einen Pariser Advokaten Boulenger de Rivery gelenkt, welcher in eine Fabelsammlung auch achtzehn Gellertsche Fabeln mit aufnahm. — Verehrer Gellerts waren hier besonders die Madame de Graffigny und der Chevalier d'Arcq, der eine Zeit lang die Herausgabe des Journal étranger leitete.

gelesen. Der Graf Moritz von Brühl konnte im Dezember 1755 von dort an seinen väterlichen Freund schreiben: „Sie sind hier so sehr bekannt und verehrt, als an keinem Orte, wo man deutsch redet[31])." Verhältnismässig wenig Leser fanden sich nur für die „Lehrgedichte", wie Ernesti in der akademischen Gedächtnisrede bestätigt[32]).

In welchem Umfange das gebildete deutsche und ausländische Publikum sich der Lektüre Gellerts zuwandte, kann man am besten daraus erkennen, dass schliesslich keiner seiner Briefe mehr vor Vervielfältigung sicher war. Und wie zahlreich war diese Vervielfältigung! Der Brief, in welchem Gellert am 5. Dezember 1758 dem Fräulein von Schönfeld von dem Besuch eines Husarenleutnants vom Gefolge des Generals Malachowsky in anmutiger Weise Bericht erstattete, kam in kurzer Zeit durch halb Europa. Gellerts Briefe an die genannte Dame bringen von Mitte 1759 bis zum Herbst 1763 immer neue Hiobsposten über das Schicksal jenes „Husarenbriefs", den man auch scherzhaft „den Krieg im schwarzen Brett" nannte. Erst wird er im ganzen Erzgebirge gelesen, dann haben in Dresden die Kreisdirektionskopisten ganze Monate lang nichts gethan, als diesen Brief abgeschrieben; von da aus gelangt er nach Warschau und Dänemark, und schliesslich steht er im Journal étranger auch französisch[33]).

Bot Gellert schon die überaus beifällige Aufnahme seiner Schriften die Möglichkeit, auf weite Kreise des Volkes religiös einzuwirken, so wurde ihm dies gar bald auch durch seine akademische Lehrthätigkeit möglich. Nachdem er sich nämlich drei Jahre lang durch Erteilung von Privatunterricht seinen Lebensunterhalt mühsam verdient und 1742 die philosophische Magisterwürde erworben hatte, habilitierte er sich 1744 als Dozent mit einer Abhandlung de poesi apologorum eorumque scriptoribus und begann, Vorlesungen aus dem Bereiche der schönen Wissenschaften zu halten. Hauptsächlich gesundheitliche Gründe[34]) hatten ihn bestimmt, sich nicht um ein geistliches Amt zu bewerben. Bei seinem inneren Drange, das Seelenheil der Mitmenschen zu fördern, wollte er nunmehr als

---

[31]) VIII, ep. 94. — Und dies war nicht etwa vorübergehend: im Jahre 1760 legte Gellert seinem (35.) Briefe an Fräulein von Schönfeld einen andern bei, „weil Sie daraus sehen können, dass meine Schriften in Paris gelesen werden."

[32]) Ernesti, das Andenken des Herrn Chr. F. Gellert etc. S. 27.

[33]) Wer sich über diese förmliche Gellertmanie genauer orientieren will, vergl. folgende Briefe: IX, ep. 224, 225, 226, 231, 232, 263, 295 und über den Husarenbrief im Briefwechsel mit Fräulein von Schönfeld ep. 18, 23, 24, 32, 35, 42, 43, 44, 54, 70, 84.

[34]) Cramer a. a. O. X, S. 189. — Ausserdem die Untreue seines Gedächtnisses und die dadurch bedingte Schüchternheit.

akademischer Lehrer religiöse Dienste leisten. Von der Überzeugung ausgehend, dass es auch für die Frömmigkeit und Tugend glückliche Umwege zum menschlichen Herzen gebe, setzte er sich vor, den Geschmack seiner Hörer auf eine solche Art zu bilden, dass sie überzeugt würden, die Frömmigkeit erhöhe und veredle die Vergnügungen eines feinen Geschmacks[35]). Im Jahre 1751 übernahm er fast auf Drängen der Regierung — denn er hielt sich bei seiner Kränklichkeit nicht für befähigt, ein staatliches Amt zu verwalten — eine ausserordentliche Professur an der philosophischen Fakultät. Zu seinen Vorlesungen über die Theorie der schönen Wissenschaften, über Poesie und Beredsamkeit[36]), seinen praktischen Stilübungen und den Vorlesungen zur Ausbildung von Hofmeistern[37]) kamen später solche über die Sittenlehre hinzu. Anfangs erklärte er mehrmals Fordyces Moral, „die ihm vorzüglich gefiel, weil dieser Schriftsteller die Sittenlehre nach Hutchesons Grundsätzen aus der Empfindung des Guten und Schönen in der Jugend herleitete"[38]); später arbeitete er eigene Vorlesungen aus, in denen er freilich kein eignes moralphilosophisches System entwickelte, sondern sich eklektisch an verschiedene neuere Moralphilosophen anlehnte[39]).

Diese Vorlesungen wurden bis zu Gellerts Tode eifrig besucht. Cramer berichtet in der Biographie seines Freundes[40]), derselbe habe in den Vorlesungen über die Sittenlehre oft vierhundert und mehr Zuhörer gehabt; ein glaubwürdiges, mit Goethes Bericht[41]) übereinstimmendes Zeugnis, bei welchem noch erwogen sein will, dass die Leipziger Universität damals nicht so viel Studierende zählte, als in der Gegenwart. Von demselben Gewährsmann erfahren wir[42]), dass sich damals viele adlige Hörer aus verschiedenen europäischen Ländern, namentlich aus den nordischen Reichen, in Leipzig aufhielten und auch während des siebenjährigen Krieges dort blieben. Leipzig war die vornehme Universität und Gellerts Persönlichkeit steigerte ihre Anziehungskraft. Selbst aus Livland kamen die Studenten[43]),

---

[35]) Cramer a. a. O. X, S. 189.

[36]) Gellert legte seinen Kollegien über die schönen Wissenschaften gewisse Bücher zu Grunde, darunter Stockhausens Bibliothek der schönen Wissenschaften, was man wissen muss, um Goethes Bericht zu verstehen, er habe Gellerts Litterargeschichte über Stockhausen gehört (Dichtung und Wahrheit, 6. Buch; bei Hempel XXI, S. 32).

[37]) Der vortreffliche Charakter des Herrn Professor Gellerts. S. 28.

[38]) Cramer a. a. O. X, S. 232.

[39]) Franz Muncker in Kürschners Nationallitteratur 43. Bd. S. 14 nennt ausser Hutcheson und Fordyce: Mosheim, Baumgarten, Crusius, Jerusalem. — Vgl. auch die Aufzählung VI, 176 ff. MV[10].

[40]) A. a. O. X, 155 ff. 235.

[41]) Dichtung und Wahrheit, 7. Buch; bei Hempel XXI, S. 76.

[42]) Cramer a. a. O. S. 232.

[43]) Z. B. der Sohn der Frau v. Campenhausen in Riga, VIII, ep. 154.

besonders zahlreich aber aus Dänemark. In einem Briefe an
den Geheimrat und Minister von Bernstorff erwähnt Gellert
höchst lobend sechs dänische Kavaliere, die seine Hörer gewesen[44]). Vom Krieg scheint Gellerts Hörerkreis weder nach
Zahl noch nach Zusammensetzung beeinflusst worden zu sein.
Wie im Karlsbade Laudon und Ziethen gleichzeitig Heilung
suchten, so sassen in Gellerts Kolleg Preussen[45]), Sachsen und
Österreicher, zum Studium vereint, friedlich nebeneinander,
während sich Väter und Brüder in der Feldschlacht gegenüberstanden. — Es würde schwer sein, zu sagen, welche Art von
Studierenden bei Gellert besonders gern gehört hat; vielleicht
die Theologen; aber er hatte Schüler aus allen vier Fakultäten.
„Er hat durch seine Lehren der akademischen Jugend, welche
Prediger, Rechtsgelehrte, Weltweise, Schullehrer, Hofmeister
oder gar Staatsleute werden wollten, das Herz zu bilden gesucht",
berichtet eine Gelegenheitsschrift, die bald nach seinem Tode
erschien[46]). Zog ein auswärtiger Student nach Leipzig, so kam
das Gespräch unwillkürlich auf Gellert, und man liess dem
Fremdling keine Ruhe, bis er diesen gehört hatte[47]).

Neben den eigentlichen akademischen Bürgern hatte aber
Gellert vorübergehend auch aus andern Schichten des gebildeten
Publikums Besucher seiner Vorlesungen. Oft kamen „bejahrte,
angesehene und gelehrte Männer" bei ihrer Durchreise durch
Leipzig in seinen Hörsaal[48]) — so z. B. der kaiserliche Gesandte
Freiherr von Widmann —, um mehrere moralische Vorlesungen
zu hören. Während des Krieges aber fanden sich in ihnen
nicht selten so viele Offiziere ein, als wenn der Hörsaal das
Vorzimmer eines Generals wäre. Im Dezember 1758 waren die
militärischen Besuche besonders zahlreich. Zwölf Offiziere vom

---

[44]) IX, ep. 309. Graf Schulin, zwei Grafen Moltke, Graf Scheel, zwei
Herren von Raben. — Andere dänische Hörer Gellerts: Die beiden Grafen
Revenklau X, ep. 403, 405, 415. — Herr von Dunkan IX, ep. 239. — Leutnant Mourier und Herr Schönheiter X, ep. 371. — Man machte Gellert
gelegentlich den Vorwurf, dass er die vornehmen und reichen Dänen, die
ihm besonders empfohlen waren, besser als die übrigen Studierenden unterrichte; s. Goethe a. a. O. 7. Buch, bei Hempel XXI, S. 76.

[45]) Christian Garve dürfte kurz nach dem Hubertusburger Frieden
nach Leipzig gekommen sein.

[46]) Noch ein Wort zu den Schriften bey dem Tode des Herrn Professor Gellerts. Leipzig 1770. S. 5. — Dies wird bestätigt in der Schrift:
Der vortreffliche Charakter des Herrn Professor Gellerts. Leipzig 1770, S. 50.

[47]) Empfindungen eines Ausländers, S. 21. „Ich muss doch euren
alten Tröster, von dem ihr soviel Wesens macht, hören", sprach einmal ein
roher Knabe von einer fremden Akademie. — Vgl. Goethes Bericht über
einen durchreisenden Franzosen, a. a. O. 7. Buch, bei Hempel XXI, S. 76.

[48]) IX, ep. 214 und 217. — Der vortreffliche Charakter etc. S. 50. —
Huber, Lobschrift, S. 46 f.: „Die vornehmsten Reisenden aller Nationen,
wenn sie durch Leipzig gingen, waren begierig, ihn zu sehen, und alle versicherten, dass seine Person seinen Schriften entspräche."

Corps des Grafen Dohna, und bald darauf sämtliche Oberoffiziere und ein Feldprediger des Bewerschen Regiments wohnten den Vorlesungen bei [49]). Auch der junge sächsische Kurfürst Friedrich August (der spätere „Gerechte") hörte Gellert während der Jahre 1765—69 mehrmals [50]).

So sind die Voraussetzungen aufgezeigt, unter denen Gellerts religiöses Wirken zu stande kam. Im folgenden wird der Versuch gemacht werden, dasselbe nach Umfang und Inhalt in der Weise darzustellen, dass zuerst der Wirksamkeit auf grössere Kreise gedacht wird, die Gellert vom akademischen Lehrstuhl herab und durch seine Schriften entfaltete; ein weiterer Teil geht auf die religiöse Thätigkeit ein, die Gellert besonders im persönlichen Gespräch oder durch seine Briefe einzelnen gegenüber ausübte.

Die nächste Stätte seiner religiösen Wirksamkeit war der Hörsaal. — Welche Vorlesungen Gellert gehalten, ist schon gezeigt worden. Alle aber mussten seinen religiösen Absichten dienen. In erster Linie natürlich die über die Moral. Er bemerkt von ihnen in der Vorerinnerung, er wolle seinen Lesern die Sittenlehre vornehmlich von der Seite zeigen, „wo sie das Herz rührt, bildet und ausbessert", und fügt am Schluss den Wunsch hinzu, die Vorträge möchten „auf mehr als ein Leben heilsam sein" [51]). Die religiöse Absicht lässt sich auch in den meisten der sechsundzwanzig Vorlesungen unschwer erkennen. Bei der peinlichen Gewissenhaftigkeit, mit der Gellert bei Empfehlung von Hauslehrern auf christlichen Charakter sah, lässt sich annehmen, dass er auch in seinen pädagogischen Vorlesungen über Hofmeisterbildung religiöse Anregungen gegeben habe. Selbst die in den Bereich der schönen Wissenschaften fallenden Vorlesungen wusste er so einzurichten, dass sie zur Besserung des Herzens und zur Bildung der Sitten beitrugen [52]). So las er gelegentlich Briefe religiösen Inhaltes vor, welche bei ihm eingingen [53]); so korrigierte er die praktischen Stilübungen seiner Hörer gewissenhaft und fügte ihnen hier und da sittliche Anmerkungen hinzu, wie Goethe berichtet [54]).

---

[49]) Jördens Lex. S. 59. — VIII, ep. 164. 165. — Sch. ep. 30: „Die Offiziere von der Garde beehren mich mit ihrem Besuche......"

[50]) Cramer, a. a. O. S. 251. — Er hörte Gellert viermal, V, 147. 187. 215. 218, darunter dreimal über moralische Themen.

[51]) VI. 9 und 12.

[52]) Cramer, a. a. O. X, S. 214 und 282.

[53]) Vgl. die Beilage zu Sch. ep. 25 v. 14. Dezbr. 1759: Gellert hat in dem Kolleg, wo er von den Briefen redet, das wohlgelungene Schreiben eines Leutnants vorgelesen, der gewissermassen aus Religiosität zu einem Duell gekommen war. Er schreibt dem Offizier hierüber: „Sie sind durch Ihren Brief und durch Ihr Beispiel vielleicht vielen jungen Leuten ein unvergesslicher Lehrer geworden."

[54]) Siehe bei Hempel XXI, S. 40.

Dass sich mit der Gelehrsamkeit die Frömmigkeit verbinden müsse, ist ein Hauptgedanke Gellerts. In der Vorerinnerung zu seinen moralischen Vorlesungen wendet er sich an jeden einzelnen seiner Zuhörer: „Die Gelehrsamkeit ist Dein Beruf auf der Akademie. Ein wichtiger Beruf! Aber wisse, dass Gelehrsamkeit ohne Tugend, dass Verstand ohne ein gebessertes Herz, dass Wissenschaft und Geschmack ohne Unschuld und Frömmigkeit weder für Dich noch die Welt Glück sei, nicht Ehre, sondern Schande für Deinen unsterblichen Geist[55]." Ähnlich lässt er in einer für angehende Studierende berechneten Schrift einen Vater zum Sohne sagen[56]: „Du kannst gelehrt werden, ohne fromm und tugendhaft zu sein; aber wisse, dass ein Gelehrter ohne Frömmigkeit und Tugend das elendeste und verächtlichste Geschöpf ist." — Als sehr wichtig erschien es Gellert auch, seine Hörer wiederholt daran zu erinnern, dass die Moral der Vernunft, die er ja zunächst vorzutragen hatte, zwar mancherlei wertvolle Erkenntnisse aufweise, aber nun und nimmer zureichend sei, das verdorbene Herz umzuändern, daher tief unter der Moral der (christlichen) Religion stehe[57]. Zwar hat — dies wird zugestanden — die Moral der Vernunft Fortschritte gemacht; aber die Vorzüge der heutigen philosophischen Moral, mit denen sich die Philosophen schmeicheln, sind den unbemerkten Einwirkungen der christlichen Religion zu verdanken[58]. Es verhält sich die Moral der Vernunft zur christlichen Moral wie die natürliche Religion zur geoffenbarten. Der Vorzug der letzteren besteht darin, dass uns die heilige Schrift und insonderheit das Evangelium von den verschiedenen Verhältnissen, in welchen wir gegen Gott als unsern Schöpfer, Erhalter, Erlöser und Beistand in unserm Laufe nach Vollkommenheit stehen, völlig unterrichtet[59].

Bei der hohen Achtung Gellerts gegenüber der christlichen Religion sollte man erwarten, dass er sich häufig in die christliche Heilslehre mit ihren Geheimnissen forschend versenken würde. Aber wie in den schriftstellerischen Werken Gellerts, was schon festgestellt wurde, so findet sich auch in seinen Vorlesungen ein Eingehen auf die eigentlichen Heilsthaten und Heilslehren selten. Meist werden dieselben nur gestreift, wie da, wo er im Bemühen, das natürliche Streben der Studierenden nach Ruhm und Ehre mit christlichem Geiste zu erfüllen,

---

[55] VI, 11.
[56] V, 169 und 176.
[57] S. die Vorerinnerung VI, 11 und VI, 66 MV³.
[58] VI, 53, 54, 55.
[59] VII, 179 MV²⁶; ein Gedanke, den Gellert aus „Squire, Strafbare Gleichgültigkeit in der Religion" entnommen hat. (Übers. v. Zollikofer S. 227 f.)

ihnen zu bedenken giebt: „Der höchste Ruhm ist die Ehre eines wahren Christen, die ihm die Religion erteilt, wenn er mit heiliger Zuversicht von sich denken und sagen kann:

    Des Sohnes Eigentum,
    Durch ihn des ew'gen Lebens Erbe,
    Dies bin ich; und das ist mein Ruhm,
    Auf den ich leb' und sterbe"[60]."

Statt der Heilslehren stand bei Gellert anderes im Vordergrunde des Interesses. Wir begegnen in seinen moralischen Vorlesungen einer Menge einzelner religiöser Vorschriften, wie man zur christlichen Tugend gelangen könne. Die Hörer Gellerts werden aufgefordert zu Vertrauen auf Gott, zu Ergebung in seine Wege. Hierzu werden ihnen praktische Regeln gegeben, dass sie jeden Tag mit Gebet anfangen[61]) und des Abends mit sorgfältiger Selbstprüfung ihrer Gedanken und Thaten beschliessen sollen[62]). Aus der denkend betrachteten Natur sollen sie erkennen, wie mächtig, liebreich und heilig Gott sei. Zu demselben Zwecke sollen sie über die Verteilung des Pflanzenwachstums auf die einzelnen Jahreszeiten, über den Nutzen der Berge, über die Zweckmässigkeit der Erddrehung und über die Wunder des gestirnten Himmels nachdenken[63]).

Als gute Beförderungsmittel der Tugend empfahl Gellert seinen Hörern auch eine grössere Auswahl solcher Werke, in denen „sich das Licht der Religion mit dem Lichte der Vernunft vereinigt", die also Verstand und Herz zugleich bilden[64]). Darunter nennt er neben den Kompendien der Sittenlehre solche Bücher, die zur Verehrung Gottes aus der Natur führen, ferner moralische Wochenblätter und Gedichte; vor allem aber pries er die heilige Schrift mit edler Beredsamkeit. Sein aufrichtiges Geständnis, wie viel er ihr während (der fünfzig Jahre) seines Lebens verdanke, wie sie ihm in glücklichen und in bösen Tagen und selbst an der Pforte des Todes geholfen habe, macht, auch nur gelesen, rhetorisch und inhaltlich einen tiefen Eindruck[65]).

Wiederholt nahm er auch Veranlassung, das Studium der schönen Wissenschaften zu empfehlen, weil dasselbe einen mittel-

---

[60]) VI, 260 MV[14] und VI, 271 MV[15].

[61]) V, 169. Lehren eines Vaters, der seinen Sohn auf die Akademie schickt. — VI, 181 MV[19].

[62]) V, 176. Lehren eines Vaters etc.

[63]) VII, 20 ff. MV[17]. — Es liegt dieselbe Vermischung natürlicher und geoffenbarter Religion vor, die uns in seinen Liedern so auffällig entgegentritt.

[64]) Viele englische Schriften von Hutcheson und Fordyce, sowie von Richard Lucas, Sam. Squire, Law, Doddridge, Derham, Hervey, Young, Thomson u. a. S. VI, 175 ff. MV[19].

[65]) Es findet sich VI, 191—192 MV[19].

baren Einfluss auf den Charakter ausübe. Der gute Geschmack nämlich, durch diese Beschäftigung erweckt, werde uns durch den Gebrauch so natürlich, dass wir ihm nicht allein in unsern Schriften, sondern auch in unsern Gesprächen und Handlungen folgen [66]). Die künftigen Theologen aber mahnte Gellert ausserdem zur Deutlichkeit, Ordnung und Anmut in dem Gebrauch der Muttersprache. „Glauben wir, dass es der Religion und der Tugend gleichgültig ist, ob wir dunkel oder hell, gründlich oder abenteuerlich, ordentlich oder verwirrt ihre Lehren vortragen, ob wir von den heiligsten Wahrheiten in einer elenden, gezwungenen, niederträchtigen oder in einer reinen, natürlichen und edlen Sprache reden [67])?" Aus falschen Begriffen von Gott aber „müssen falsche Grundsätze in die Moral übergehen" [68]).

Wenn Goethe in den Frankfurter gelehrten Anzeigen vom Jahre 1771 schreibt [69]): „An Gellert, die Tugend und die Religion glauben ist bei unserm Publiko beinahe eins", so werden hierdurch ganz richtig Tugend und Religion als in Gellert eng verbunden bezeichnet. Es kommt aber noch ein Drittes hinzu. Die Tugend wird von ihm erklärt als „der von Vernunft und Gewissen erzeugte lebendige Vorsatz, überall ohne Ausnahme der göttlichen Bestimmung gemäss zu handeln" [70]). Wer diese Tugend ausübt, erfüllt seine Pflicht. Das Pflichtbewusstsein ist es nun, welches bei Gellert recht eigentlich im Mittelpunkte seines inneren Lebens steht und welches er auch vom Lehrstuhl herab in seinen Hörern zu stärken suchte. Wie er in der Schrift, die er als Wegweiser für die studierende Jugend schrieb, den Vater zu seinem Sohne sagen lässt [71]): „Wir können und sollen die Wissenschaften aus eben der Absicht treiben, aus der wir beten oder ein Werk der Liebe ausüben, aus der grossen und auf Gott gerichteten Absicht, unsere Pflicht zu erfüllen", so hören

---

[66]) V, 67 in der Rede vom Einflusse der schönen Wissenschaften auf das Herz und auf die Sitten. — Ausserdem ausführlich VII, 17 MV[16]: „Die guten und nützlichen Werke der Poesie, Beredsamkeit, Malerei, Bildhauerkunst erfüllen unsern Geist mit dem Begriff des Schönen, der Ordnung, der Übereinstimmung und des Anstandes. Unser Geist lernt diesen unvermerkt auf die Sitten und das äussere Betragen anwenden, vermöge der allgemeinen Regel der Natur, alles zu entfernen, was uns missfällt, und alles das anzunehmen, was gefällt, ... Sollte nichts von den edlen, liebreichen und grossmütigen Empfindungen, welche die Werke der Künste ausdrücken, in unser Herz übergehn? Sollten wir immer die Strahlen der Sonne fühlen und nicht erwärmet werden?"
[67]) V, 112. Von den Fehlern der Studierenden bei der Erlernung der Wissenschaften.
[68]) VI, 49 MV³. — Vgl. die Vorrede zu den geistlichen Liedern und Oden. II, 70 f.
[69]) Hempelsche Ausgabe XXIX, S. 13.
[70]) VII, 38 MV[18].
[71]) V, 167. Lehren eines Vaters für seinen Sohn, den er auf die Akademie schickt.

wir auch in seinen Vorlesungen, dass uns das Leben zur beständigen Ausübung unserer Pflicht gegeben sei [72]), und unter den ersten Hilfsmitteln, die Gellert seinen Hörern empfiehlt, falls sie zur Tugend gelangen wollen, sind folgende drei Regeln: 1) „Bemühe Dich, eine deutliche, gründliche und vollständige Erkenntnis Deiner Pflichten zu erlangen." 2) „Setze die Bemühung, Deine Pflicht zu erkennen, sorgfältig fort und bewahre die erlangte Erkenntnis vor Irrtümern." 3) „Wende die Erkenntnis Deiner Pflichten beständig auf Dein Herz und Leben an, bereite Dich zu jedem Tage weislich vor und prüfe Dich am Ende desselben sorgfältig." — Vor dem jungen Kurfürsten aber las Gellert im Oktober 1767 über das Thema: „Dass die wahre Würde des Menschen in der genauen Beobachtung seiner Pflichten bestehe [73])."

Gar eindringlich pflegte Gellert seine Studenten vor den Gefahren zu warnen, denen sie in Leipzig ausgesetzt waren, vor Trunksucht, Spielwut und Unkeuschheit [74]). Als im September 1768 grössere Studentenunruhen ausbrachen, wurde Gellert von der akademischen Obrigkeit dazu veranlasst, in einer öffentlichen Rede vor Tumulten zu warnen. Mit heiligem Ernste berief er sich auf das religiöse Gefühl seiner Hörer, stellte ihnen das Ideal eines christlichen Studenten vor Augen, sagte ihnen, er wolle sich seinem Kurfürsten zu Füssen werfen und statt der gewöhnlichen Gnade die Ungnade erbitten, sich weit von Leipzig entfernen zu dürfen [75]).

Ebenso setzte Gellert alle Kraft des Ausdrucks und alle Geltung seiner Person bei den Studierenden ein, um sie vor der in Litteratur und Gesellschaft auftretenden Freigeisterei zu warnen. Sie sollen sich nicht durch gebildete Ungläubige verleiten lassen, die Sprache eines „starken Geistes" [76]) anzunehmen. „Das Ansehen eines sonst gelehrten und scharfsinnigen Mannes, eines Mannes von feiner Lebensart, der angenehm und gesucht in Gesellschaft ist, dem viele gehorchen müssen, dessen Schutz wir nicht entbehren können, macht seinen Unglauben oft glänzend in unsern Augen; und der Freigeist im Ordensbande lehrt immer eindringender, als der im Schulrocke, ob sie schon beide gleich elend lehren [77])." Nie sollen sich Gellerts Hörer verführen lassen, Spötter der Religion zu werden — gar wirksam

---

[72]) VI, 46 MV².

[73]) Die drei Regeln finden sich VI, 104 ff. MV⁶, die Vorlesung vor dem Kurfürsten V, 215. — Ausserdem vgl. VI, 254 MV¹⁴: „Unsere wahre Ehre besteht .... darinnen, dass wir unsern pflichtmässigen Beruf, unsern Stand, unser nützliches Gewerbe mit Eifer und Treue beobachten."

[74]) VI, 224 MV¹². — VII, 49 MV¹⁰. — V, 174 Lehren eines Vaters etc.

[75]) X, ep. 441. — Cramer a. a. O. X. S. 253.

[76]) X, ep. 433.

[77]) VI, 61—62 MV².

stellte er dies als Zeichen schrecklicher Gedankenarmut hin [78]) —, sondern sie sollen Gott ehren, wenn möglich auch durch ihre Poesie [79]).

In einer Zeit lebend, da der christliche Glaube nicht mehr als allgemein anerkannte Wahrheit galt, hatte Gellert alle Veranlassung, auch vom Katheder herab „die Religion" zu verteidigen, und er hat dies in so reichem Masse gethan, dass seine Apologetik wohl Gegenstand einer besonderen Untersuchung werden könnte. Bei der bescheidenen Demut, mit der er von sich und seinen Vorlesungen dachte, empfahl er seinen Hörern die Lektüre einer Reihe apologetischer Schriften [80]). Dazu war er bemüht, der akademischen Jugend zu zeigen, dass es keine Thorheit sei, ein Christ zu sein. Denn der Christ besitze grosse Vorzüge vor dem Ungläubigen: Mässigkeit im Glück, Trost im Elend, vor allem ein ruhiges Gewissen, dazu auch Freundlichkeit gegen die Mitmenschen [81]). Das Ideal christlicher Sittlichkeit wird bei diesen Darlegungen oft durch Bibelworte aus dem Buche Sirach illustriert. Der vortreffliche Charakter des Christen beruht auf dem grossen Vorzug seiner Religion gegenüber jeder anderen Sittenlehre. Kein Mittel kann besser das Schrecken der Laster, die Furcht des Todes, des Gerichts der Ewigkeit stillen, von den stürmischen Leidenschaften, von Stolz und Eigenliebe befreien und in Ewigkeit glücklich machen, als „die Religion". Solltest du aber eine Sittenlehre finden, die Besseres leistet als die christliche, „so verachte die (christliche) Religion: sie ist gewiss nicht von Gott, wenn noch ein besseres Mittel vorhanden ist, uns zur Glückseligkeit zu bringen" [82]).

Dementsprechend wird der christliche Glaube als etwas der Vernunft durchaus Angemessenes und darum auch allgemein Verbindendes dargestellt. Vernünftig ist es, nach den Gütern des Herzens zu streben, da sie der Tod, der letzte Auftritt des Lebens, für die würdigsten erklärt [83]). Für den Christen ist es geradezu eine Hauptpflicht der Vernunft, wenn eine nähere göttliche Entdeckung der Tugend und unseres Glückes vorhanden ist als in der philosophischen Moral, sie dankbar zu verehren und anzunehmen [84]). Gott erkennen, den grossen Beweis seines Daseins, den ganzen Reichtum der Natur vor sich ausgebreitet sehen und doch keine Neigung gegen ihn fühlen, ist kein Charakter eines vernünftigen, sondern eines verworfenen Geistes [85]).

---

[78]) Der vortreffliche Charakter des Herrn Professor Gellert . . . . S. 69 ff.
[79]) Cramer, a. a. O. X, S. 220. — Weitere Warnung vor Freigeisterei VI, 62 MV³.
[80]) VI, 63 MV³, — s. auch VI, 182 f. MV¹⁰.
[81]) VII, 85 MV²⁴.
[82]) V, 84 Betrachtungen über die Religion.
[83]) VI, 28 MV¹.
[84]) VI, 77 MV¹.
[85]) VI, 84 MV⁵. — VII, 171 MV²¹.

„Ja, wenn ich auch keine unumstösslichen Beweise anträfe, so müssen mich doch schon die wahrscheinlichen zum Glauben an die Religion bewegen, weil es eine Pflicht der Vernunft ist, der Wahrscheinlichkeit zu folgen, da sie mehr Grund für sich hat, als das Unwahrscheinliche oder das bloss Mögliche"[86].

Dies führt uns zu einer Bemerkung über die Behandlung, welche Gellert den religiösen Zweifeln zu teil werden lässt. Ein eigentliches Eingehen auf dieselben findet nicht statt. Manche werden dadurch in den Hintergrund gedrängt, dass Gellert zeigt, wie wir überhaupt in einer Welt voll Rätsel leben. Dem Zweifel, ob man verdient, unendlich zu leben, setzt er die Frage entgegen, wodurch man es überhaupt verdiene, hier auf der Erde zu leben[87]. Auch die Unbegreiflichkeit der Fortdauer unserer Seele nach der Trennung von ihrem Körper darf uns nicht beunruhigen: Begreifen wir wohl die Art und Weise, wie Gott die Seele mit dem Körper so genau hat vereinigen können?[88] Den inneren Grund dieser Apologetik bildet die auch vom Schriftsteller Gellert oft ausgesprochene[89] Überzeugung, dass wir nicht Götter, sondern beschränkte Menschen sind, denen erst der Tag der Ewigkeit das nötige Licht geben wird, und die sich hier auf Erden nicht unterwinden dürfen, Gott zu ergründen.

Vielen mochte diese Art von religiöser Beschwichtigung nicht genügen. Ihnen gegenüber machte Gellert die eigene religiöse Erfahrung geltend. Die allgemeine moralische Empfindung des Guten und Bösen (= moralischer Instinkt = Gewissen) ist ein herrlicher Beweis für den hohen Ursprung unserer Seele[90]. Die grossen Begebenheiten ganzer Staaten und Völker lassen uns ebenso wie die kleineren Ereignisse des Privatlebens, wenn man sie aufmerksam betrachtet, erkennen, dass eine unsichtbare Hand das Schicksal derselben weise und gerecht und gütig regiert[91]. Die Frage der Unsterblichkeit unserer Seele ist von Gott durch den unbezwinglichen Wunsch nach Unsterblichkeit ebenfalls mit einer Deutlichkeit entschieden, die sich empfinden lässt[92].

Es hat vor und nach Gellert Leute gegeben, die viel geistesmächtiger die Wahrheiten unseres christlichen Glaubens vertraten.

---

[86]) VII, 10 MV[16]. — Vgl. ferner die Ausführung V, 87 in den „Betrachtungen über die Religion."
[87]) VII, 168 MV[26].
[88]) Ebenda.
[89]) II, 27, 159. — V, 81. 83.
[90]) VII, 32 MV[17].
[91]) VII, 92 MV[21].
[92]) VII, 167 f. MV[26]. Man vgl. auch II, 118: „Ich kann der Sonne Wunder nicht, noch ihren Lauf und Bau ergründen, und doch kann ich der Sonne Licht und ihre Wärm' empfinden: So kann mein Geist den hohen Rat des Opfers Jesu nicht ergründen, allein das Göttliche der That, das kann mein Herz empfinden."

Dass aber gerade er mit besonderem Erfolg diese religiöse Einwirkung ausüben konnte, verdankte er wesentlich mit gewissen äusseren Vorzügen seiner Person und der Liebenswürdigkeit seines Charakters. Wenn der zartgebaute Mann mit der sanften und zugleich ehrwürdigen Gesichtsbildung vor seine Hörer trat, wurden die meisten Herzen sogleich gewonnen. Er war eine charakteristische Figur an der Universität, mittelgross, sehr mager, mit Habichtsnase und grossen, blauen Augen[93]. „Nie werde ich den Mann vergessen können, wie ich ihn da gesehen und gehört habe", schreibt ein Ausländer bei Gellerts Tode; „dieses baufällige Gesicht, dieses kränkliche Ansehen — aber es gefiel. Man hatte es lieber als die fetten Wangen, die der Burgunder rot färbt, und lieber als die Augen, die von fremdem Feuer blitzen: so sehr ward es von dem Geiste, der im Auge wohnte, erhöht und veredelt. Man musste ihn lieb haben, sobald man ihn sah ...... Man vertraute sich ihm und man ward nicht betrogen[94]." — Anschaulichkeit[95], Deutlichkeit, Ordnung und Anmut der Sprache vereinigten sich in seinem Vortrag, den er sorgfältig ausgearbeitet vor sich liegen hatte, obgleich er nur selten auf sein Papier blickte. Unnötige Abschweifungen vom Thema gestattete er sich nicht. „Seine Sprache war deutlich, biegsam, aber etwas hohl und näherte sich in ihrem Tone einer gewissen Wehmut, wodurch sie so rührend, eindringend und schmelzend wurde, dass niemand dem Beweglichen, was sie hatte, widerstehen konnte[96]": gelegentlich war sie auch von hohem rhetorischen Schwunge[97]. Die Jünglinge verschlangen förmlich jedes seiner Worte[98]. — Hierzu kam seine Liebenswürdigkeit den Hörern gegenüber, die er nicht nur teuerste Kommilitonen, sondern auch teuerste Freunde, ja sogar

---

[93] Huber, Lobschrift etc. S. 44.
[94] Cramer, a. a. O. X, S. 280. — Vgl. auch die „Empfindungen eines Ausländers bei dem Tode d. H. Prof. G."
[95] Z. B. VI, 74 MV⁴, VI, 154 MV⁸, VII, 72 MV²⁰; ferner die moralischen Charactere, die er ursprünglich an passenden Stellen in seine Vorlesungen einschob, — endlich Cramer, a. a. O. X, S. 232 und VI, 174 MV⁹, wo er seiner verstorbenen Schüler von Cronegk und Brawe als vorbildlicher Muster gedenkt.
[96] Cramer, a. a. O. X. S. 215, 268. — Eck, Gellerts Empfehlung. Eine Vorlesung. Den 16. Dezember 1769. — Gellerts Denkmal von Amman S. 14. „Hartherzige Krieger wischten vor Gellerts Lehrstuhl mit Händen, woran vergossenes Menschenblut noch starrte, Thränen vom Auge. So genau kannte er den Weg zum menschlichen Herzen, dessen Schwäche er traf, wenn es sich auch in die rauhsten und fürchterlichsten Aussenwerke verschanzt hatte."
[97] Vgl. die schon erwähnte Empfehlung der heiligen Schrift, VI, 191—192 MV¹⁰.
[98] S. die „Zärtlichen Klagen eines Jünglings, geweint bei dem frühen Grabe des Herrn Professor Gellerts." Leipzig 1770.

seine Kinder, Söhne und Brüder nannte[99]), welchen er selbst ihre Fehler auf eine angenehme Art zu sagen wusste und denen er alles Gute zutraute[100]). „Ein liebreiches Wesen", versichert Cramer[101]), „war ihm so eigen, dass solches sich in seiner ganzen Physiognomie ausdrückte, auf seiner Stirn, in seinem trauernden Auge, in seinem ganzen Gesichte, in seiner ganzen Stellung. Man durfte ihn nur sehen, um ihn zu lieben, und man verlangte, wenn man ihn gesehen hatte, keinen anderen Beweis, dass er geliebt zu werden verdiente." Sein Herz schlug den Studenten liebewarm entgegen. Er halte — so versicherte er — seine Vorlesungen in erster Linie aus Neigung für ihr Glück[102]), und wenn er auch die meisten unter ihnen nicht kenne, so erinnere er sie doch. dass sie alle mit ihm zu der grossen Familie Gottes gehören, deren Glück ihm wert sein und um das er sich auf alle Art verdient machen solle[103]). Hierzu kam, dass Gellert nicht nur bestrebt war, die Herzen der jungen Männer zu bilden, sondern sie auch äusserlich liebenswürdiger zu machen suchte[104]). Dies wurde ihm gewiss aufs höchste angerechnet.

Doch das Geheimnis seines religiösen Wirkens ist durch die Rücksicht auf seine äusseren Vorzüge noch nicht gelöst. Weit mehr und überhaupt am meisten wirkte Gellert an der Universität durch seine imponierende religiöse Persönlichkeit, die selbst auf rohere Naturen von Einfluss war[105]). Denn zur eigentümlichen, selbständigen religiösen Persönlichkeit war er herangereift trotz der Unfertigkeit seiner theologischen Ansichten, trotz der eklektischen Anlehnung an andere in seinen moralischen Vorlesungen.

Der nächste Eindruck, den man von ihm hatte, war der: „ich glaube, darum rede ich." Diesen Grundsatz sprach er selbst gelegentlich aus[106]), darüber war auch bei seinem Leben und nach seinem Tode nur eine Stimme[107]); und dieser Eindruck

[99]) VI, 224 MV[12]. „Ich bitte als Ihr Freund, als Ihr aufrichtiger Lehrer, als ein Vater seine Söhne bittet, und ich weiss, Sie hören die Bitten der Liebe." VI, 61 MV[3]. — VI, 155 MV[4], — V, 76. Vgl. Ammann, a. a. O. S. 15. — Auch den von der Universität Geschiedenen bewahrte er diese väterliche, herzliche Liebe. IX, ep. 307.
[100]) V, 93. Von den Fehlern der Studierenden bei der Erlernung der Wissenschaften etc.
[101]) X, S. 226.
[102]) VI, 111 MV[6].
[103]) VI. 141 MV[7].
[104]) MV[13] ist ganz der Sorge für die Wohlanständigkeit und äussere Sittsamkeit gewidmet. — Vgl. Cramer, a. a. O. X, S. 215.
[105]) Empfindungen eines Ausländers etc., S. 21 ff.
[106]) VI. 190—192 MV[30].
[107]) D. Mathesius, a. a. O. S. 30. — Dankbares Andenken aufrichtiger Freunde u. s. w. S. 6. — Huber, Lobschrift, S. 34: „Es war unmöglich, ihn zu hören, ohne die Begierde zu fühlen, besser zu werden; denn man fand an ihm einen Mann, der von seinen Grundsätzen völlig überzeugt war."

musste um so nachhaltiger sein, als Gellerts Leben mit seiner Lehre übereinstimmte [105]). Er riet zur Bescheidenheit, warnte vor Selbstüberhebung und lehnte auch wirklich 1761 die angebotene ordentliche Professur ab [109]). Er redete vom Gesetz Gottes und von den Pflichten gegen die Eltern und ehrte seine unterstützungsbedürftige hochbetagte Mutter durch die That, empfahl Sonntagsheiligung und war selbst der eifrigste Kirchbesucher [110]). Er forderte Nächstenliebe und suchte in eigener Person hilflose Kranke auf und versorgte sie mit Brennholz für den Winter. Er mahnte zur Pflichttreue und wies wohl im Beisein von Studenten seine Amtsgenossen ab, wenn sie ihn von gewissen ermüdenden Geschäften abhalten oder ihn überreden wollten, in gewissen Dingen mehr seinen Vergnügen oder seinem Geschmacke zu folgen, oder mehr auf seine Bequemlichkeit zu sehen [111]). Auch wusste man wohl von ihm selbst, dass er für seine Hörer bete [112]). So konnte einer seiner einstigen Schüler [113]) über die wunderbare Einwirkung Gellerts auf viele seiner Hörer die schönen Worte schreiben: „Der Weg zur Tugend ist steil! Konnte er ihn ebenen? Nein! Gott selbst hatte ihn über Felsengebirge angelegt; ein Mensch durfte keinen durch anmutige Thäler suchen, und konnte, wenn er ihn suchen wollte, keinen finden. Aber er bestreute den Felsenweg mit Blumen, indem er voranging, und seine Nachfolger sammelten voller Entzücken die Blumen und vergassen, dass sie kletterten."

Den tiefsten Eindruck machte Gellert ferner durch die Gelassenheit, mit der er sein körperliches Leiden trug, und durch die er — „fast ein Wunder unter den Menschen" [114]) —

---

[108]) Waldau, Gellerts wahre Grösse u. s. w., S. 14. — Der vortreffliche Charakter u. s. w., S. 35. — Mathesius, a. a. O. S. 30. — Schwäbische Beyträge u. s. f., S. 7. — Amman, Gellerts Denkmal, S. 17: „Die Moral war immer die glänzendste Seite Gellerts, wenn er lehrte. Denn er war immer zu den grossen moralischen Charakteren, die er schilderte, das Urbild."

[109]) IX, ep. 234. Gellerts Ablehnung wurde in Warschau nicht ungnädig aufgenommen, obgleich ihn der Hof für diese Professur erst empfohlen hatte; siehe die Briefe im Archiv für die Sächsische Geschichte Jahrgang 1877, S. 276 ff.: H. Ermisch, „Aus Christian Fürchtegott Gellerts akademischem Leben." Man gab ihm statt des zurückgewiesenen Amtes die erledigte Pension des Hofrats Mascov: 400 Thaler. Vgl. IX, ep. 211 an Caroline Lucius. — Sch. ep. 66. — Cramer, a. a. O. X, S. 238. — Eine hübsche Anerkennung seiner Bescheidenheit enthält ein Flugblat: In Gellerti effigiem von O** o. J. o. O. — Gerühmt wird diese Tugend Gellerts noch bei Huber, a. a. O. S. 45.

[110]) Dass dies Eindruck machte, zeigt Waldau a. a. O. S. 6. — Mathesius, a. a. O. S. 48. — Cramer, a. a. O. X, S. 278.

[111]) Cramer, a. a. O. X, S. 277.

[112]) Dem Grafen Moltke, seinem früheren Schüler, schreibt er IX, ep. 307: „Ich liebe Sie, bete für Sie."

[113]) G. Ad. v. Amman, Gellerts Denkmal S. 15.

[114]) Waldau, S. 19. — Huber, S. 44.

trotz seiner Schwermütigkeit leutselig gegen jedermann war. Seine aufrichtige Freude am Glück seiner Mitmenschen, welche lebhafter war als die über das eigene[115]), seine gerechte Anerkennung fremden Verdienstes, milde Beurteilung der Fehler anderer[116]), seine Unfähigkeit, jemanden zu hassen oder zu beneiden[117]), erkannte man als einen Ausfluss seines tief christlichen Herzens. Man wusste ihm auch dafür Dank, dass er seine Hörer bisweilen an seinen persönlichen Erlebnissen und Interessen teilnehmen liess, ihnen etwa Briefe vorlas, die von auswärts an ihn in seelsorgerlichen Angelegenheiten gerichtet waren[118]). Mathesius urteilte von Gellert mit Recht, er sei ein wirkliches und wesentliches Original eines Christen gewesen, der sich in der Welt von der Welt unbefleckt erhalten habe[119]). Dies war eben ein grosser Vorzug Gellerts, dass sein gesundes, nüchternes Christentum von der akademischen Jugend nicht einseitige Weltflucht verlangte, sondern den geheiligten Gebrauch aller der Gaben, die uns Gott verliehen; dass er folgerichtig auch das Vergnügen erlaubte, ja sogar anbefahl und zum Reiten, Fechten und besonders zum Tanzen förmlich einlud[120]). Wenn er ferner unbefangen zugab, bei der christlichen Erbauung müsse hinsichtlich der Predigtsprache den veränderten Zeitumständen Rechnung getragen werden[121]), so hatte er damit gewiss vielen aus der Seele herausgesprochen.

Das Ziel, welches Gellert vom Lehrstuhl aus verfolgte, seinen Studenten ein Bewahrer religiöser Gesinnung in einer Zeit herandringender Freigeisterei zu werden, dasselbe Ziel leitete ihn auch in seinen Schriften, deren beispiellos weite Verbreitung schon beschrieben wurde.

Huber urteilt[122]) über Gellerts Schriften, sie besässen die Wirkung, edle Gesinnungen in den Herzen der Menschen zu erwecken und sie zu wohlthätigen Handlungen zu vermögen; und Goethe gesteht offen zu, dass schon lange Zeit vor seinem Leipziger Aufenthalt die Bücher Gellerts das Fundament der deutschen sittlichen Kultur gewesen seien[123]). Es handelt sich

---
[115]) Cramer. a. a. O. X. S. 277.
[116]) Ammann, a. a. O. S. 25.
[117]) Cramer, X, S. 277. — Ernesti: Das Andenken etc., S. 30.
[118]) Der Verfasser der „Zärtlichen Klagen eines Jünglings etc." berichtet S. 16 ff., dass Gellert einst einen aus Amerika eingelaufenen Brief mitbrachte, dessen Absender durch Gellerts Trostgründe wider ein siches Leben den Weg zu Gott wiedergefunden hatte. — Auch den Brief las er vor, den ein im Duell verwundeter Leutnant an ihn geschrieben. Siehe Sch. ep. 25.
[119]) Mathesius, a. a. O. S. 41.
[120]) Lehren eines Vaters u. s. f. V, 170. — VI, 230 f. MV[15].
[121]) Vorrede zu den geistlichen Liedern und Oden, II, 68.
[122]) Huber, Lobschrift, S. 6.
[123]) Dichtung und Wahrheit, 7. Buch. Hempel, XXI, S. 76.

hierbei hauptsächlich um die Fabeln, die geistlichen Oden und Lieder, sowie die Abhandlung von den Trostgründen wider ein siechcs Leben; in zweiter Linie sodann um die moralischen Gedichte und um die Betrachtungen über die Religion und über die Vortrefflichkeit und Würde der Andacht; an dritter Stelle stehen die Lustspiele und der so verschieden beurteilte Roman „das Leben der schwedischen Gräfin" von G**.

Bei der religiösen Grundstimmung Gellerts muss man von vornherein annehmen, dass er sich in keiner seiner Schriften in Widerspruch mit der Religion setzen, vielmehr dieselbe überall habe fördern wollen. Diese vorläufige Annahme findet ihre Bestätigung in der sorgfältigen Vorbereitung, die er der Ausarbeitung aller seiner Werke, insbesondere seiner Dichtungen, vorhergehen liess. Gerade aus den Berichten hierüber fühlt man deutlich heraus, wie lebendig das Verlangen in Gellert brannte, seinen Nächsten religiöse Dienste zu leisten. Aus den Briefen an den Freiherrn von Cronegk, an Borchward und an Caroline Lucius[124]) erfahren wir die mühevolle und sorgenreiche Entstehung seines Lehrgedichtes: der Christ. Er verfertigte es in der Neujahrsmesse 1754 unter allen Qualen der Hypochondrie in einem Zeitraum von acht bis neun Tagen und bat Gott flehentlich, dass er es aus einem redlichen und frommen Herzen machen möchte. Schuf er dieses Gedicht zunächst zu seinem eigenen Seelenheile[125]), so leitete ihn bei seinen Oden und Liedern in erster Linie das geistliche Wohl seiner Mitmenschen. Diese Arbeit war nicht nur „seinem Herzen die feierlichste und wichtigste, die er in seinem Leben unternommen hatte"; er bestrebte sich auch „mit allem Ernste seiner Seele", „die Wahrheit der Empfindungen, welche darinnen sprechen sollten, an seinem eignen Herzen zu erfahren"[126]). Umfangreiche Beurteilungen wurden bei auswärtigen Freunden eingeholt[127]), und als im November 1756 bei Gellert die Absicht feststand, die geistlichen Oden und Lieder nochmals „auszubessern" und gegen Ostern 1757 unter diesem Titel herauszugeben, schrieb er an den jungen Grafen von Brühl: „Gott segne diese Arbeit, so thue

---

[124]) VIII, ep. 44. 45. IX, ep. 312.
[125]) Cramer, a. a. O. X, S. 208 citiert eine Stelle aus Gellerts Tagebuch vom Jahre 1754: „Möchte ich dieses Gedichte doch zu meiner eigenen Ruhe verfertiget haben! Möchte mich der Gedanke davon in traurigen Stunden aufrichten! O Gott, lass es nur meiner Seele zum Vorteile dienen!"
[126]) Cramer, a. a. O. X. S. 208.
[127]) Es waren vornehmlich Cramer, vgl. ep. 80. 81. 85 (92). Borchward, vgl. ep. 92. 96. 101. 114, Gärtner, vgl. ep. 92. Schlegel, vgl. ep. 130 und Rabener, ep. 130; auch Gutschmidt, ep. 312. — Gegenseitige Kritik hatten die Freunde bereits vorher als „Bremer Beiträger" geübt, vgl. Franz Muncker bei Kürschner, Deutsche Nationallitteratur, 43. Band, I. Abteilung, S. IV.

ich gewiss etwas Nützliches"[128]). Professor J. G. Eck aber teilte seinen Zuhörern am Begräbnistage des Liederdichters eine kleine Anekdote mit, welche für Gellert charakteristisch ist: Auf die Anfrage eines gemeinen Mannes hin änderte er den Liedanfang: „Mein erst Gefühl sei Preis und Dank" um in „Mein erst Geschäft sei Preis und Dank", ein litterarisches Opfer, das ein anderer schwerlich gebracht hätte[129]).

Was den religiösen Gehalt der Schriften betrifft, so begegnen wir hier denselben Anschauungen, wie sie Gellert in seinem Hörsaal vortrug. Ganz entsprechend dem verschiedenen Stoff seiner Schriften tritt das religiöse Moment bald mehr, bald weniger hervor.

Die Fabeln geben zunächst ein vielseitiges Sittenbild aus dem deutschen Volke. Kein Stand bleibt unerwähnt; gekrönte Häupter, grosse Denker und Künstler, schlichte Leute aus dem Volke, Handwerker, Tagearbeiter und Dienstboten werden uns vorgeführt, Erwachsene und Kinder, Männer und Frauen, Knaben und Mädchen werden geschildert. Ein religiöser Zweck dieses Sammelwerkes wird zwar in den Vorreden von den Jahren 1746 und 48 nicht ausgesprochen, kaum die ernste Absicht, überhaupt moralisch zu wirken: Gellert erscheint zufrieden, wenn er „die Natur nicht verfehlet und bei seiner Munterkeit die Ruhe des Wohlanstandes und der Ehrbarkeit nicht gestöret hat"[130]). Aber in den Fabeln selbst finden wir die bösen Triebe des menschlichen Herzens, wie sie bei den kleinen Ereignissen des täglichen Lebens als übertriebene Sorge ums tägliche Brot, Ehrsucht, Geiz, Prozesssucht auftreten, so anschaulich dargestellt und harmlos herzlich verspottet, dass schon hierdurch ein moralischer Nutzen entstehen konnte. Ausdrücklich tritt uns christliche Ethik entgegen, wenn z. B. Amynt[131]) lieber die grösste Dürftigkeit erduldet als sich durch falsches Zeugnis bereichert; wenn die Leser aufgefordert werden, durch Pflichterfüllung und Bewahrung eines reinen Gewissens sich das Glück zu verschaffen, der Welt genützt zu haben. Religiös wird der moralische Inhalt der Fabeln besonders dadurch, dass der Blick des Lesers oft auf Gott und auf „jenes Leben" gerichtet wird. Da erscheint der Weg der Christen durch die Welt als eine anbefohlene Reise ins Himmelreich[132]). Jeder soll sie unternehmen. Aber viele reisen nur im Geiste oder machen sich bloss reisefertig, andere

---

[128]) VIII, ep. 116. — Vgl. ep. 92 an Borchward: „Wollte Gott, dass sie einstens zur Erbauung und zur Ehre der Religion etwas beitragen."
[129]) J. G. Eck, Gellerts Empfehlung. Eine Vorlesung. Den 16. Dezember 1769. — Die Wahrheit dieses Berichtes wird übrigens vom Herausgeber J. L. Klee bezweifelt, X, 297.
[130]) I, 34.
[131]) I, 168: Amynt.
[132]) I, 75: Die Reise.

kehren bald um; wieder andre erschweren sich die Ankunft am Ziele durch selbstgewählte, finstere Pfade, während die Reisekarten doch angenehme Wege durch grüne Felder zeigen: kurz, wenige nur unternehmen die Reise wirklich mit Erfolg. Oder es erscheint [133]) die ewige Seligkeit als eine Stadt auf dem Berge; der steile Tugendpfad jedoch, der hinaufführt, wird vielen zu schwer, denn sie wollen aus dem fruchtbeladenen Erdenthale die Last irdischer Lust mit auf den Weg nehmen. Dort oben aber besteht eine andere Ordnung der Gesellschaft. Der arme Greis [134]), hier auf Erden von einem Reichen ungerecht verspottet, tritt bald bei Gott als Kläger auf. Auch die irdischen Lebensschicksale der Menschen stehen unter Gottes gerechtem Ratschluss. Der Reiter [135]), der zum Brunnen wiederkehrt, an dem er seinen Geldsack liegen liess, erschlägt den Alten, der ihn doch nicht gestohlen, der aber einstmals Blutschuld auf sich geladen hat. Mit scharfer Satire wird die Scheinheiligkeit der Betschwester an den Pranger gestellt und auf lautere Beweggründe christlicher Liebesthätigkeit gedrungen [136]). Und die Hilfe, die der menschenfreundliche Philet dem armen Schiffer gewährt [137]), zeigt, dass es auf Erden nichts Göttlicheres giebt als ein wirklich liebreiches Liebeswerk. Froh kann der Christ sein im Blick auf das herrliche ewige Leben, in welches in Gellerts Fabeln in echt evangelischer Weise ohne Drohung und ohne Ausnahme eingeladen wird [138]): frei von irdischen Sorgen soll er auch auf dieser Erde leben, mit Alcesten eingedenk [139]):

„Kann mich der Tod so bald entseelen,
Was nützt mir alles Glück der Welt?
Um froh zu sterben will ich leben.
Der Herr, der alles Fleisch erhält,
Wird mir, soviel ich brauche, geben."

Weit mehr religiös-ethische Färbung tragen natürlich die geistlichen Oden und Lieder an sich. Die christlichen Leser werden daran erinnert, dass sie auf der Erde sind, um tugendhaft zu sein (II, 155—160) — dass ein auf Glauben gegründetes ruhiges Gewissen ein grosses Geschenk sei (II, 151) — dass der wahre Ruhm in der treuen Erfüllung des Berufes bestehe, „weil ihn der Herr gebot, nicht, weil mich Menschen sehn" (II, 82) — dass man der Liebe zu Gott auch seine liebste

---

[133]) I, 194: Der Jüngling.
[134]) I, 151: Der arme Greis.
[135]) I, 121: Das Schicksal.
[136]) Die Betschwester, I, 63 ff., dem Inhalte nach übereinstimmend mit dem gleichbenannten Lustspiele.
[137]) I, 119: Der arme Schiffer.
[138]) I, 195, wo der Jüngling eingeladen wird, das Glück des Himmels aufzusuchen.
[139]) I, 213: Alcest.

Neigung aufopfern müsse (II. 87). Sie werden ermahnt zum Gebet in Kirche und Haus (II, 77. 79), zum Dank für Gottes Güte (II, 97). zur Ausübung barmherziger Nächstenliebe und Beweisung thätigen Glaubens (II, 131. 107). Um den religiösen Wert der Gellertschen Lieder recht zu würdigen, muss man auch berücksichtigen, dass die Kirchengesänge, welche der ausgeartete Pietismus hervorbrachte, der subjektiven Empfindung einen so breiten Raum gewährten, dass die Allgemeingültigkeit des Inhalts darunter litt. Obendrein stiess man sich an dem veralteten Geschmack ihrer Beredsamkeit [110]). Nach beiden Seiten hin besitzen Gellerts Lieder unverkennbare Vorzüge.

Die moralischen Gedichte haben bereits bei Gellerts Zeitgenossen weniger Leser gefunden als die geistlichen Oden und Lieder, obwohl sie ihrem Verfasser bei seiner Vorliebe für alles christlich Belehrende besonders wert waren [111]).

Unter den prosaischen Schriften sind die „Trostgründe wider ein sieches Leben" besonders anziehend geschrieben. Es giebt für die Menschen, die ein sieches Leben führen, keinen andern Trost als die christliche Religion mit ihrer gewissen Aussicht auf ein zukünftiges besseres Leben. Mit blossen philosophischen Betrachtungen über die Notwendigkeit des Übels oder darüber, dass nur der Leib krank, die Seele aber, das bessere Teil, gesund geblieben sei. ist nichts geholfen, am allerwenigsten dann, wenn der Trostbedürftige selbst Schuld an seinem Übel sein sollte. Besonders wohlthuend berührt in dieser Schrift der beherzigenswerte Gedanke [112]), dass die Religion ein Gegenstand des Studiums sei, in welchem man als Christ Fortschritte machen könne und müsse, nicht etwa, indem man seinen Verstand betäube, sondern im Gegenteil, indem man die Wahrheiten der Schrift denkend betrachte und in seinem Leben anzuwenden versuche, um in der Ausübung der Tugend stets vollkommener zu werden.

Eine eigenartige Stellung nimmt der 1746 erschienene Roman „Das Leben der schwedischen Gräfin von G**" ein. Er ist voll von moralischen Tendenzen, aber das verworrene Getriebe der Ereignisse wird durch Gellerts Scheu vor energischen Lösungen schliesslich so unsittlich und peinlich, dass Blutschande

---

[109]) Vgl. Gellerts Vorrede zu den Liedern und Oden. II, 67 f. — Luthardt, Rede am 13. Dez. 1869 u. s. f., S. 11.
[111]) Ernesti. a. a. O. S. 27. — Dass gerade dieser belehrende Ton in den geistlichen Dichtungen Gellerts auch damals von manchen als Nachteil empfunden wurde, geben die Verfasser der „Schwäbischen Beyträge etc." S. 6 zu: „Gellert hat selbst mit dem meisten Vergnügen von seinen geistlichen Liedern gesprochen, und sie sind auch wirklich unvergessliche Denkmale seiner Tugend und seines geläuterten Christentums, und die wärmere Andacht der künftigen Christen mag es entscheiden, ob sie nach dem Vorwurf unserer Kritik zu moralisch seien und oft den Liederton verfehlen."
[112]) V, 50.

und Doppelheirat als weise Fügung der Vorsehung erscheinen und die moralischen Vorteile und Nachteile sich mindestens aufheben. Gellert selbst scheint über den Inhalt dieses Romans frühzeitig Gewissensbisse empfunden zu haben [143]). Die Zeitgenossen waren zwar einig in der Anerkennung der moralischen Absichten Gellerts auch bei diesem Werke, geteilter Ansicht aber doch über dessen sittliche Wirkung. Einer, vermutlich Theologe [144]), schreibt: „Die schwedische Gräfin enthält in kurz erzählten Begebenheiten die schönste Sittenlehre." Huber in seiner Lobschrift schwankt. Er gesteht zwar zu, alle „empfindlichen Seelen" hätten an diesem Romane Geschmack gefunden, ihm persönlich aber gefiel dieses Werk unter allen Schriften Gellerts am wenigsten [145]). Und die Verfasser der „Schwäbischen Beyträge" bekennen [146]) offen, dass man gewisse Scenen „nur mit Ekel und Widerwillen" ansehen könne, und dass die Begierde, grosse und unerwartete Situationen anzulegen, wozu Gellerts Genie nicht geschaffen gewesen sei, „sein Herz hintergangen" habe.

Eine gemeinsame Eigentümlichkeit sämtlicher fürs grosse Publikum bestimmten Schriften Gellerts ist der apologetische Zug, der hier und da zu Tage tritt und den wir schon bei der Besprechung von Gellerts Dozentenwirksamkeit kennen lernten. Lieder, wie das bekannte: „Wenn ich, o Schöpfer, deine Macht", oder „Die Himmel rühmen des Ewigen Ehre" predigen einem gedankenlosen Atheismus gegenüber die Erkennbarkeit Gottes aus der Natur. In der Vorrede zu den geistlichen Liedern [147]) werden die Leser gemahnt, sich durch den Vorwurf eines kleinen und einfältigen Geistes, eines Abergläubischen und Milzsüchtigen nicht schrecken zu lassen. Vielmehr müssten wir diesen Tadel für unsern grössten Lobspruch halten, da das Gewissen uns beistimme. Also auch hier die apologetische Berufung auf die innere christliche Erfahrung. Dieses christliche Glaubensbewusstsein kommt zum überzeugtesten Ausdruck in dem Liede „Wenn Christus seine Kirche schützt", dessen markige Sprache teilweise an Luthers Stil erinnert [148]). — In einer Fabel aber [149]) streiten

---

[143]) VIII, ep. 7, 20. — Vgl. auch den „Vorbericht zur Auflage meiner Schriften v. J. 1769" I, 3: „Ich muss . . . . hoffen, dass sowohl ihre Mängel überhaupt, als auch einige jugendliche Stellen meiner ersten Aufsätze, wenn das Übrige nützlich ist, leicht ferner Nachsicht erhalten werden."

[144]) Der Verfasser der „Betrachtungen an die beiden Grafen von Neipperg", S. B. 4 = 21.

[145]) Huber, a. a. O. S. 25.

[146]) Schwäbische Beyträge S. 6 f.

[147]) II, 66. — Ebenso in der Abhandlung von der Vortrefflichkeit und Würde der Andacht V, 153 f.

[149]) Bei dem Hinweis auf die verheissenen Belohnungen des Christentums wird übrigens an einer Stelle die natürliche Selbstsucht des Menschen zu sehr ins Spiel gezogen: „Alles genau gegen einander abgewogen, so sind die Annehmlichkeiten, die uns die Religion entzieht, nichts gegen die

sich Fliege und Spinne über die Entstehung des prachtvollen Tempels, in dem sie sich finden, ob ihn wohl das Abstraktum Kunst aufgebaut habe, oder ob er nicht vielmehr aus einem blinden Ungefähr entstanden sei. Mit köstlichem Humor wird das Widersinnige der ersten Meinung aufgezeigt, der Irrtum der zweiten ergiebt sich dem Leser von selbst. Der Dichter aber beklagt, dass grosse Geister seiner Zeit solche Systeme aufzustellen wagen. Es ist bedeutsam, dass diese apologetische Fabel in demselben Jahre erschien, in welchem der Arzt de la Mettrie sein berüchtigtes Buch herausgab: L'homme machine, dessen Absicht darauf ging, den Glauben an Gott völlig zu beseitigen.

So sehen wir Gellert in einer reichen religiösen Wirksamkeit begriffen. Wenn aber gezeigt wurde, wie er als Dozent vom Lehrstuhl herab und als vielgelesener Autor diesen Einfluss ausübte, so ist damit der Umfang seiner religiösen Thätigkeit noch nicht erschöpft. Als Professor wie als Schriftsteller wandte er sich an grössere Kreise. Indes übte er seine religiöse Wirksamkeit auch dem Einzelnen gegenüber aus, in persönlichem Verkehr durch Wort und That, sowie durch seinen Briefwechsel. Beides bedarf noch der Ausführung.

Zu dieser persönlichen Berührung mit der Aussenwelt musste es mit Notwendigkeit kommen. Denn Gellert gewann durch seine Herzensgesinnung, welche in seinen Vorlesungen und in seinen Schriften überall sichtbar wurde, schnell das Vertrauen des einzelnen Hörers wie Lesers. Und er suchte dieses Vertrauen zu gewinnen. Denn weder konnte er nach seinem religiösen Standpunkt seine Verantwortlichkeit für das innere Wohl der akademischen Jugend mit seinem Heraustreten aus dem Hörsaal als abgeschlossen betrachten, noch durfte er sich bei der blossen Wirkung seiner Schriften beruhigen, wo ihm so viele Fälle religiös-sittlicher Not auch in andern Kreisen handgreiflich entgegentraten. Sein Christentum drängte eben nach reichster Auswirkung auch dem Einzelnen gegenüber.

Zunächst nach engerer persönlicher Berührung mit der akademischen Jugend! Seine Wohnung im „Schwarzen Brett" war ebenso wie der Hörsaal ein Hauptschauplatz seines religiösen Wirkens. Um niemand vergebens kommen zu lassen und allen zugänglich zu sein, hatte er Sprechstunden eingerichtet, die damals wohl nicht allgemein üblich waren [150]). In diesen empfing er die überaus zahlreichen Besuche der jungen Männer,

---

göttlichen Freuden, mit denen sie uns erfüllt." V, 89: Betrachtungen über die Religion.

[149]) I, 149: Die Fliege.

[150]) Wenigstens hält sie Jördens einer besonderen Erwähnung für wert. — Diese Sprechstunden lagen nachmittags: IX, ep. 243 (5 Uhr), Sch. ep. 80 (4 Uhr).

die seinem Schutze empfohlen waren und die er wohl selbst eingeladen hatte, ihn aufzusuchen. Es ist kaum zu viel behauptet, dass alle christlichen Familien von Stande in Deutschland, Dänemark, den Ostseeprovinzen, die ihre Söhne nach der Leipziger Hochschule sandten, sie an Gellert wiesen, damit er denselben „die Kollegia einrichte" und ihnen ein Bildner des guten Geschmacks wie der Sitten werde [151]). Auch Goethe ist zu ihm gegangen und freundlich aufgenommen worden [152]). Oftmals wusste sich Gellert vor Besuchen kaum zu retten. Dann klagte er seinen Freunden, dass ihm diese Last „fast unerträglich" werde, dass er vor Besuchen „fast gar nicht zu sich selbst komme". So kamen beispielsweise an einem einzigen Nachmittag von vier Uhr ab zehn Parteien mit sechzehn Personen zu längerer Unterhaltung [153]). Gellert würde, wie auch Goethe versichert, seinen ganzen Tag haben aufopfern müssen, wenn er alle die Menschen, die sich ihm vertraulich zu nahen gedachten, hätte aufnehmen und befriedigen wollen. Ein oder zwei Famuli sorgten dafür, dass nicht immer alle Zutritt erhielten. Dem Besuch gegenüber liess sich übrigens Gellert von seiner Ermattung nichts merken. Er erwies im Gespräch jedem die gebührende Hochachtung und liess sich zu einer Vertraulichkeit herab, die das Herz zu gewinnen fähig war, ohne dass er seiner Stellung etwas vergeben hätte. Auf vornehmen Stand und Geburt gab er dabei nichts, sondern schätzte wahre Verdienste auch bei niederem Herkommen [154]). Wenn es gelegentlich schien, als trüge er für die vornehmen dänischen Kavaliere eine grössere Fürsorge [155]), so war es sicher nicht seine Absicht, andere hintanzusetzen. Verabschiedete sich einer seiner Hörer vor seinem Weggange von Leipzig bei Gellert, so sprach dieser wohl tief ergriffen: „Ich bin kränklich; das wissen Sie; wir sehen einander in dieser Welt wohl das letzte Mal", und manches Auge füllte sich mit Thränen [156]).

Um die, welche ihm besonders empfohlen waren, bekümmerte sich Gellert gründlich; sie mussten ihn oft besuchen. Er betrachtete es als Pflicht und freudige Aufgabe, ihnen durch Rat, Unterricht und Ermunterung zu dienen, und sandte sie gewöhnlich später mit einem rühmlichen Begleitschreiben als „anvertraute

---

[151]) IX. ep. 322. X. ep. 376. ep. 430. — Mancher Vater verlangte noch mehr. Im Briefwechsel mit Fräul. v. Schönfeld ep. 17 berichtet Gellert unterm 22. V. 1759 aus Bonau: „Gestern ist der Graf Werther zu mir gekommen mit einem Brief von seinem Vater, ihm die Kollegia einzurichten und eine Frau zu schaffen."
[152]) Dichtung und Wahrheit. VI. Buch. Hempel, XXI, S. 32.
[153]) Sch. ep. 56. 86. 89. 91, besonders 80!
[154]) „Der vortreffliche Charakter u. s. w.", S. 64.
[155]) Goethe, Dichtung und Wahrheit. 6. Buch. Hempel, XXI, S. 76.
[156]) „Meine Klagen bei dem Tode des Prof. G. u. s. w.", S. 7.

Pfänder" ins Elternhaus zurück[157]). Nicht jedem erschloss er jedoch sein Herz in gleicher Weise. Seine zärtlichste Vertraulichkeit, sein ganzes Herz stand nur denen offen, die mit dem feurigsten Eifer für die Religion, mit gemeinnützigen Verdiensten eine aufrichtige Menschenliebe, tugendhafte und gefällige Sitten verbanden[158]). Von Zeit zu Zeit wählte er aus den Studenten einige zu seiner besonderen Gesellschaft[159]). Diese durften ihn auf seinen Spaziergängen begleiten, auf denen er gern ein erbauliches und erweckliches Thema anschlug oder doch ein nützliches Gespräch führte. Sehr oft lenkte er seine Schritte auf den Gottesacker zu seinen dort ruhenden Freunden, über deren Grabstätten er seine Begleiter unterrichtete[160]). Auch brachte er sie sonntäglich zweimal in den öffentlichen Gottesdienst[161]). Der religiöse Wert dieses Umgangs mit Gellert muss hoch angeschlagen werden. Eine 1770 erschienene Flugschrift[162]) sagte darüber: „Wer zu ihm kam, ging von ihm besser. Wer ihn geliebt, war tugendhaft."

Gar gross war seine Bekümmernis, wenn er über unordentliches Leben einzelner Studenten klagen hörte. Er that dann alles, um die religiös oder sittlich Gesunkenen auf den rechten Weg zurückzubringen[163]). Da solche Leute gewöhnlich seine Nähe mieden, liess er sie zu sich bitten[164]) oder schrieb ihnen seine Meinung und seine Befürchtungen unverhohlen und bat sie förmlich um Besserung. Einem Hörer, der nicht einmal schriftlich von ihm Abschied genommen hatte und der in den Verdacht gekommen war, ein Freigeist und nicht mehr Gellerts Freund zu sein, schrieb er[165]), er solle ablassen und es gut mit seiner eigenen Ruhe, mit der Weisheit und Tugend meinen, und versicherte ihm, dass er fortgesetzt versuchen werde, sich durch Aufrichtigkeit um ihn verdient zu machen. Einem „Herrn Baron"[166]) zeigt er brieflich seine Unzufriedenheit an und deckt ihm „aus Pflicht und Freundschaft" mit grossem sittlichen Ernste die Gründe auf, aus denen er die Kollegien vernachlässige; wieder ein anderer junger Freund wird mit den herzlichsten Worten[167]) ermahnt, dem Trunke zu entsagen. — Es kam auch

---

[157]) VIII. ep. 145. IX. ep. 322. X, ep. 376. 430.
[158]) „Zärtliche Klagen eines Jünglings u. s. f." am Ende.
[159]) Cramer, a. a. O. X. S. 281.
[160]) Mathesius, a. a. O. S. 47. — „Elegie bei dem Grabe Gellerts." Von W. Anm. auf S. 4.
[161]) Eck. Gellerts Empfehlung. S. 11.
[162]) „Dem Andenken Gellerts gewiedmet von der Gräfin von ***". S. 15.
[163]) Vielleicht bezieht sich die Bemerkung im Tgb. v. 16. III. 1761 auf einen solchen Fall.
[164]) Tgb. v. 12./I., 2. II. 1761.
[165]) X. ep. 433.
[166]) X, ep. 434.
[167]) X, ep. 384 „Liebster Herr Magister", „liebster Rudolf".

öfter vor, dass sich Studenten, die in sittliche Verirrungen geraten waren, in ihrer Reue freiwillig an ihn mit der Bitte um Rat oder um Fürsprache bei den Eltern wandten. Dann eilte Gellert mit der Antwort und lud die Hilfesuchenden ein, ihn „ohne Furcht" „heute oder morgen" zu weiterer liebreicher Beratung zu besuchen. Er hielt ihnen in väterlicher Gesinnung die schönsten Trost- und Mahnworte der heiligen Schrift entgegen, z. B. Ps. 119, 9. Tob. 4, 6. Luc. 15, 20. Phil. 2, 13., und noch jetzt merkt man seinen Einladungsbriefen die innere Freude über die bevorstehende Seelenrettung [168]) an. War die Besserung von Dauer, so suchte er durch Befürwortungsschreiben auch die materiellen Verlegenheiten solcher Unglücklichen zu heben. Aber er war mit seinen Empfehlungen vorsichtig [169]).

Wir haben ein Beispiel, welches ausführlich zeigt, wie treu Gellert seinen Schutzbefohlenen nachging, an dem Studenten G***l [170]). Vom Dezember 1755 bis zum Juni 1764 berichtet Gellert in den Briefen an seine Schwester über gute und schlechte Erfahrungen, die er mit ihm gemacht. Der junge Mann war nicht fleissig und sparsam genug. Gellert hat ihm „ein alt Kleid gegeben" [171]), will's noch einmal mit ihm versuchen [172]), obgleich er sehr wenig Hoffnung hat: „Mich dauert der arme Vater". Der junge Mann müsse besser ein Schreiber werden als ein verdorbener Student. Er hat mit Gellerts Famulus Gödicke zusammen gewohnt, ist dann davon gegangen und will wieder zurück. Gellert schreibt [173]): „Wollte Gott, ich wüsste dem armen Vater zu raten und müsste nicht hören, dass G***l sich von seinen unglücklichen Gewohnheiten noch nicht losgerissen hat." Später aber berichtet er [174]): „G***l lebt zu meiner Freude noch ordentlich, wie er angefangen hat." Gellert hat sich um Verlängerung seines Konviktgenusses bemüht [175]). Endlich steht der junge Mann vor dem Examen, und sein menschenfreundlicher Gönner hofft das Beste. Er hat ihn versprechen lassen, den Sonntag stets feierlich und mit Übung der Religion zu begehen, ohne die höchste Not keine Berufsarbeit an demselben zu verrichten und sich keine solchen Vergnügungen zu erlauben, die dem Herzen schädlich sind [176]). Schliesslich scheint

---

[168]) IX. ep. 306. 310. X, ep. 440. — Andrerseits die tiefe Trauer, wenn einer seiner Bekannten sittlich zu Grunde ging: VIII. ep. 148.

[169]) IX, ep. 306 a. E. — X, ep. 440 An einen relegierten Studenten.

[170]) Es war dies Gellerts Schwestersohn Gabriel Christlieb Meese, Sohn des Bürgermeisters zu Hainichen. Vgl. Sch. ep. 4 S. 17. Anm. 19.

[171]) VIII, ep. 98.

[172]) VIII, ep. 118.

[173]) VIII, ep. 148.

[174]) VIII, ep. 158. — Abermaliges Lob ep. 159. 160. 169.

[175]) Durch einen Brief an seine Korrespondentin Erdmuthe v. Schöufeld. Vgl. Sch. ep. 4 das Postscriptum und Sch. ep. 10.

[176]) Sch. ep. 4. — VIII, ep. 177.

die alte Liederlichkeit wieder ausgebrochen zu sein. Gellert berichtet[177] betrübt von ihm: „Er ist nunmehr, wie mir der Bruder geschrieben hat, von dem Königstein und unter des General Borks Kompanie. Möchte er doch nun in sich gehen, Gott fürchten und besonders den Trunk meiden, bei dem man weder ein vernünftiger Mensch, noch viel weniger ein Christ sein kann. Wir wollen für ihn beten und ihn ermahnen." Übrigens hat Gellert noch auf dem Sterbebette für den später in Gemütszerrüttung gefallenen Unglücklichen gesorgt[178].

Dass Gellert auch mit seiner geringen Habe materiell helfend eingriff, wo es galt, einen armen oder in Armut geratenen Studierenden zu unterstützen, sei nur kurz erwähnt. Einem seiner Zuhörer, dem Herrn v. Bose, der seine bisherige Wohlthäterin durch den Tod verloren hat, will er „heute noch" schreiben und ihm hundert Thaler anbieten, die er in der Woche vorher selbst erst geschenkt erhalten[179]. Einem strebsamen Tuchmachergesellen aus Hainichen aber, der Fähigkeiten und Neigung zum Studieren besass und „voll Liebe zur Religion" war, verschafft er einen Konvikttisch und sichert ihm durch Bittschreiben an wohlhabende Leute jährlich zweiundsiebzig Thaler baren Zuschuss[180]. So suchte er auch auf diesem Wege die Heranbildung christlicher Männer zu fördern. — Wie tief übrigens seine innere Teilnahme an Wohl und Wehe seiner jungen Freunde war, zeigen die zahlreichen kurzen Namens- und Besuchseinträge in seinem Tagebuch[181].

Auch auf andere Kreise wirkte Gellert in persönlichem Umgange ein. Gekrönte Häupter suchten seine Bekanntschaft zu machen. Friedrich der Grosse liess ihn bei seinem Leipziger Aufenthalte im Winter 1760 zu sich rufen und unterhielt sich fast zwei Stunden mit ihm (am 11. Dezember). Gellert hatte vorher gebetet, dass er nichts wider die Religion und das Gewissen reden möchte, und machte durch Offenheit und Bescheidenheit einen sehr günstigen Eindruck auf den König[182]. Auch die preussischen Prinzen Karl und Heinrich unterredeten sich mit ihm[183]. Nicht minder schätzte der sächsische Hof seinen Umgang. Die Prinzen Albrecht und Clemens liessen ihn zu sich rufen und bewiesen ihm ebenso wie die Prinzessin

---

[177] IX, ep. 318.
[178] S. Nota 171. — Gellert bestimmte, dass von seinem Nachlasse hundert Thaler an das Armenhaus nach Waldheim gezahlt würden, damit Meese zeitlebens daselbst bleiben könne.
[179] VIII, ep. 192.
[180] IX, ep. 345. X, ep. 362. 367.
[181] Z. B. Tgb. v. J. 61: 3., 7., 9. Jan., 3., 5., 9. Febr.
[182] Sch. ep. 57.
[183] Sch. ep. 77.

Christina in ihrer Unterhaltung „viel Gnade"¹³⁴). In welcher Weise der junge sächsische Kurfürst Friedrich August Gellerts Umgang suchte, ist oben gezeigt worden¹³⁵). Die Herzogin von Curland aber, bei welcher sich die vornehmste Gesellschaft Leipzigs versammelte, zog Gellerten wiederholt zur Tafel¹³⁶). Durch solche Auszeichnungen, besonders durch die Unterredung mit dem grossen Preussenkönig, wurde Gellert selbstverständlich mit einer Menge hochgestellter Staatsmänner und Offiziere bekannt. Er verkehrte mit dem englischen Gesandten Mitchel, mit dem Marquis d'Argens, mit dem General Saldern, mit dem Lektor Le Cat¹³⁷). Die Zahl der auswärtigen Besuche erreichte besonders Ende 1760 und im Jahre 61 eine ungewöhnliche Höhe. Nicht ohne Empfindung des Humors liest man den Bericht: „Bald ein Offizier, bald ein blessierter Soldat, bald ein Kammermusikus, bald ein Legationsrat, bald ein blosser Sekretär, bald der Lektor des Königs; einer nach dem andern wollen die Ehre haben, mich zu sehen, d. h. mich zu stören"¹³⁸).

Wenn es wahr ist, dass der Mensch schon durch den äusseren Eindruck der Person auf den Nächsten einen religiös sittlichen Einfluss ausüben kann, so muss dies auch bei dem bezeichneten Verkehr Gellerts mit der vornehmen Welt gelten.

Mit den vornehmen Kreisen kam Gellert auch auf seinen Badereisen in Berührung, besonders bei seinem mehrmaligen Aufenthalte in Carlsbad¹³⁹). Hier fand er viele Freunde und Gönner, insonderheit auch bei den Katholiken¹⁴⁰). Mit dem General Laudon ass er oft zusammen und setzte ihm eine kleine Bibliothek auf; vom General Ziethen wurde er beim Wiedersehen umarmt, bei den gräflichen Familien Uhlefeld und Thun war er ein gern gesehener Gast. Besonders huldigten ihm auch die vornehmen Damen¹⁴¹). — Es konnte nicht ausbleiben, dass

---

¹³⁴) VIII, ep. 208. IX, ep. 292. Cramer, a. a. O. X, S. 243. — S. ferner: Tgb. 27. Febr., 12. März: Markgraf Carl. — Tgb. 5. und 13. Febr.: Herzog und Herzogin v. Holstein. — Sch. ep. 49: Herzog v. Braganza.
¹³⁵) S. Nota 50.
¹³⁶) VIII, ep. 158. 164.
¹³⁷) Vgl. die Briefe an Frl. v. Schönfeld aus dieser Zeit: Sch. ep. 55 ff., sowie im Tgb. untern 5. und 9. Jan., 5. und 17. Febr. u. s.
¹³⁸) Sch. ep. 55. — Noch eine weniger angenehme Folge der Unterredung mit Friedrich d. Gr. stellte sich ein: „Wenigstens kommt itzt täglich ein Mann, der mich bittet, ihn vor den König zu bringen oder ihm die Bittschrift selbst zu überreichen oder ihm doch einen Kanal anzugeben; und alle gehen unzufrieden und böse von mir wieder fort." Sch. ep. 57. — Vgl. dazu Tgb. 13. Jan. 61.
¹³⁹) I. d. J. 1753, 54, 63, 64.
¹⁴⁰) Sch. ep. 82.
¹⁴¹) Über die gesellschaftlichen Berührungen Gellerts auf der Badereise v. J. 1763 siehe Sch. ep. 82 und den Bericht an Caroline Lucius IX, ep. 291; über die Reise v. J. 1764 vgl. IX, ep. 320 an Carol. Lucius.

dieser Umgang Gellerts von religiösem Einfluss wurde. Denn dass ein so gefeierter Schriftsteller, der witzig und heiter sein konnte, sich doch zugleich als ein ernster Christ zeigte, konnte auch im Badeorte niemandem verborgen bleiben und erhöhte die religiöse Wirkung seiner Schriften. Bei vielen Eltern reifte der Entschluss, ihre Söhne nach der Leipziger Hochschule zu schicken, damit sie unter Gellerts wachsamem Auge studierten. Der Präsident des Reichshofrats aber, Graf Harrach, stellte bei seinem Weggange aus dem Carlsbade Gellert das rühmliche Zeugnis aus: „Ich habe Sie wegen Ihrer Schriften sehr hoch geschätzet, aber ich schätze Sie wegen Ihres Charakters und Ihrer Sitten noch weit höher [192])." Mit manchen Badegästen kam Gellert auch wirklich auf religiöse Gespräche, so mit dem Geheimrat Wechmar aus Ansbach. Den gichtkranken Herrn von Zetlitz aus Schlesien aber besuchte er täglich mehrmals, beschenkte ihn mit einem Andachtsbuche und tröstete den Abreisenden in ergreifender Weise mit Jes. 41, 10 [193]).

Doch es waren keineswegs nur die vornehmen Kreise, denen Gellert religiöse Dienste leistete. Ebenso offen trat seine persönliche religiöse Wirksamkeit zu Tage, wenn ihn wirklich Unglückliche auf seiner Wohnung besuchten. So berichtet Gellert an Fräulein von Schönfeld von einem gewissen Wieler aus Westindien, der aus Amerika nach Leipzig gekommen war, wie er sagte, bloss, „um Hilfe und Religion bei Gellert zu suchen". Dieser aber fühlte die ganze Schwere der Aufgabe: „Ich elender Mensch! Wenn er seine Hilfe nicht bei Gott sucht und findet, so hat er seinen Weg umsonst gethan und wird die ganze Welt vergebens durchreisen." Gellert würde ihm „für sein Leben gern" die innere Ruhe verschaffen, aber: „Gott nur kann sie ihm geben und von ihm muss er sie suchen und erwarten; erharren, aber nicht erzwingen; erbeten, aber nicht erreisen." Gellert hat ihm zu seiner Rückreise Geld vorgestreckt und auch andere Freunde für ihn gewonnen [194]). — Ein junger, von der Mutter enterbter Edelmann, der seinen Offiziersrang und die Ehre verloren hatte, kommt, sittlich und materiell am Rande des Verderbens angelangt, und bittet, Gellert möge seine Mutter mit ihm aussöhnen [195]). — Der durch seine zehnjährige Gefangenschaft in Magdeburg berühmte Baron Trenk besucht den Gewissensrat der Nation, um sich im Verkehre mit ihm in der Gewissheit zu stärken, dass das ausgestandene Unglück eine grosse Wohlthat Gottes sei.

---

[192]) IX, ep. 320.
[193]) IX, ep. 291.
[194]) Sch. ep. 102. 103. X, ep. 394.
[195]) Zärtliche Klagen eines Jünglings u. s. f. S. 19.

Und wer nicht selbst kommen konnte, wurde von Gellert besucht. Cramer berichtet[196]), wie sich Gellert in seinen ersten Leipziger Jahren eines sittlich verirrten Verächters der Religion annahm, ihn leiblich pflegte und allmählich den Dahinsiechenden seelsorgerlich zu Gott führte. Auch späterhin besuchte er hilflose Kranke gern, tröstete sie und brachte ihnen wohl auch Wein zur Stärkung[197]). Zu diesem Zwecke hielt er sich ein Verzeichnis derer, die seiner Unterstützung bedurften[198]). Konnte er selbst nicht ausreichend helfen, so bat er bei vermögenden Freunden für die Bedürftigen[199]). Von der selbstlosen Bereitwilligkeit Gellerts, in Not zu helfen, legt folgender kleine Zug Zeugnis ab. Als Christian Weisse zur Ostermesse 1766 durch einen untreuen Kopisten 2100 Thaler verloren hatte, eilte Gellert sogleich nach Empfang der Nachricht zum Freunde und bot ihm sein erspartes Begräbnisgeld an[200]).

Auch an Auswärtigen suchte er christliche Liebeswerke zu verrichten. So ergreift ihn das Schicksal des verarmten Wittenberger Professors Schröck, für den er sich beim Präsidenten des Oberkonsistoriums verwendet[201]). Er sammelt für einen blinden Jüngling in Dresden[202]), für einen dichtenden Schüler in Görlitz[203]). Vor allem aber erweist er den Armen seiner Vaterstadt Gutes. So oft er kann, legt er den Briefen an seine in Hainichen wohnende Schwester Geld für erwachsene Arme bei oder bezahlt durch sie das Schulgeld für arme Kinder[204]). — Was er an Geschenken erhielt, das verwaltete er stets nur als Haushalter, der andere damit beglücken solle. „Ich will gegen andere gutthätig zu sein suchen, wie es andre gegen mich sind, ohne Geräusche und stets aus Religion und Dankbarkeit gegen Gott, unsern höchsten Wohlthäter[205])." Wie viele wahre Liebeswerke mag das christliche Herz Gellerts gezeiget haben, die nicht überliefert wurden, und welcher religiöse Segen muss sie begleitet haben!

Es erübrigt noch zu zeigen, wie Gellert auch durch seine Briefe eine reiche religiöse Wirksamkeit entfalten konnte.

Der immer grösser werdende Ruf seiner akademischen Thätigkeit, der durch die Studierenden in alle vier Weltgegenden

---

[196]) Cramer, a. a. O. X, S. 186 ff.
[197]) Sch. ep. 20.
[198]) Cramer, a. a. O. X, S. 278.
[199]) Sch. ep. 76: „auch folgt noch ein Brief um ein Bittschreiben." — — Cramer, a. a. O. X, S. 279.
[200]) Chr. Felix Weissens Selbstbiographie Lpz. 1806, S. 133.
[201]) X. ep. 426.
[202]) IX, ep. 286.
[203]) X. ep. 370.
[204]) VIII, ep. 178. IX, ep. 248. X, ep. 358. ep. 361. — VIII, ep. 160. X, ep. 421.
[205]) VIII, ep. 194, vgl. IX, ep. 281.

fortgetragen wurde, sowie die wachsende Verbreitung seiner Schriften gewannen ihm auch eine Menge Fernstehender zu Freunden. Die Berühmtheit seiner gefälligen Briefe, die er an seine Freunde und Freundinnen richtete und die, gelegentlich nicht genug behütet, wider seinen Willen im Druck erschienen — z. B. der oben erwähnte Husarenbrief —, steigerte das Verlangen vieler, mit ihm gleichfalls in schriftlichen Verkehr zu treten [206]). Man lebte ja in einem Zeitalter, das soeben die Entdeckung gemacht hatte, die deutsche Sprache sei derselben Anmut fähig wie die der Franzosen, und das nun bemüht war, den guten Geschmack im deutschen schriftlichen Ausdruck auf alle Weise zu fördern. Gellerts Korrespondenz nahm daher im Lauf der Jahre einen immer grösseren Umfang ein. Er hatte sich ein Diarium angelegt, in welchem die zu beantwortenden Briefe vermerkt waren [207]). Mehr als zehn schrieb er oft an einem Tage und verwandte selbst einen Teil seiner Ferien dazu, die zahlreichen Zuschriften zu beantworten. Kein Wunder, wenn ihm das Erwidern inhaltsloser Briefe, die rein aus Neugier geschrieben waren, sehr lästig wurde. So kam es, dass sich Gellert schliesslich den scherzhaften Titel „Dozent und aller Welt Correspondent" beilegen konnte [208]). Welch reicher Segen aber musste von seinen Briefen ausgehen, wenn sein ausgesprochener Wahlspruch war: „O Gott, wie muss das Glück erfreun, der Retter einer Seele sein!" Man hat Gellert mit Recht einen allgemeinen Seelsorger und Gewissensrat der deutschen Nation genannt [209]).

Ein ganz besonderes Vertrauen genoss Gellert bei den höheren Ständen. Zahlreiche Offiziere, gleichviel ob aus Freundes- oder Feindesland, suchten seinen guten Rat. Ein um seiner christlichen Gesinnung willen in einen Zweikampf geratener und verwundeter Offizier sucht Trost bei ihm und befragt ihn um seine Meinung [210]). Ein anderer klagt sich an, dass er in Gesellschaft den Vergnügungen zu sehr nachhänge [211]); ein Dritter will wissen, ob er seines Vetters Neigung zum Sol-

---

[206]) Solche Wünsche äusserten z. B. Freiherr v. Widmann in Nürnberg IX, ep. 217, ep. 221 und Mademoiselle Kirchhof in Cottbus IX, ep. 288.
[207]) IX, ep. 314.
[208]) IX, ep. 265. — Sch. ep. 11b klagt er: „Seit acht Tagen habe ich wohl zwanzig Briefe geschrieben und wohl etliche Thaler Postgeld ausgegeben." — IX, ep. 295: „Zehn Briefe werden kaum langen, die ich heute schon geschrieben habe, und zwanzig liegen gewiss noch vor mir auf dem Tische unbeantwortet." — IX, ep. 315: Die Ferien haben soeben begonnen. „Nun will ich acht Tage Briefe schreiben, dann noch ein Werk der Religion verrichten und hierauf, wenn Gott will, einige Zeit aufs Land gehen." — VIII, ep. 166.
[209]) Chr. E. Luthardt, Rede am 13. Dezember 1869, S. 15.
[210]) Sch. ep. 25.
[211]) VIII, ep. 99.

datenstande nachgeben dürfe [212]). Ein preussischer Hauptmann, der im Treffen abermals am Leben geblieben und nur leicht verwundet ist, wird von Gellert ermahnt, Gott nun umsomehr zu vertrauen [213]). Ein junger Offizier erhält bei seiner Abreise zum ersten Feldzug die Mahnung zu Gottesfurcht, zum Gebet und später die Aufforderung, sich ein ungekünsteltes Tagebuch anzulegen: Das helfe die Spuren der göttlichen Vorsehung dankbar bemerken [214]).

Doch war es nicht etwa der Offizierstand allein, mit dem Gellert in Briefwechsel stand. Ebenso oft musste er an andere hochgestellte Personen seelsorgerlich schreiben. Da lässt sich ein Herr von ** trösten, der „beinahe ein gleiches Schicksal" hat wie Gellert [215]). Ein anderer — er war Jurist — wartet schon lange auf ein Amt und muss zum Gottvertrauen ermahnt werden [216]). Ein dritter ist in beschwerlicher Stellung, wohl im Auslande; seine guten Absichten und Dienste werden verkannt; er kann das Vertrauen seines Prinzipals nicht erwerben. Gellert tröstet ihn mit dem Schriftwort Spr. Sal. 3. 5. 6. [217]). Ein junger Graf, früher Gellerts Hörer, fühlt sich in seiner Umgebung nicht glücklich und bittet um Regeln, damit er Nachsicht und Geduld mit den Fehlern der grossen Welt habe, in die er hineingestellt sei [218]).

Auch Damen schrieben an ihn um Rat. Ein ungenanntes adliges Fräulein schreibt an Gellert, wie sie infolge von einsamer Erziehung, grosser Weichlichkeit des Temperaments und Verlust der wenigen Freundinnen am Leben keine Freude mehr finde, und fragt an, vor welchen Gefahren sie sich am meisten zu hüten habe. Gellert fordert sie unter Berufung auf ihre Christenpflicht auf, gegen die Traurigkeit anzukämpfen, die noch gebliebene unvollkommene Freundin mit Geduld zu tragen und gern auf dieser Erde zu verweilen, so lange der Herr nicht selbst abrufe, da sie uns ja in allen ihren Geschöpfen zu Gott leite [219]). Ein anderes Mal tröstet Gellert eine Gräfin, welche in der Blüte ihrer Jahre die Last der Krankheit tragen musste [220]).

---

[212]) IX, ep. 284.
[213]) VIII, ep. 205.
[214]) IX, ep. 255 und 278. Es war der junge Schönfeld. — Siehe auch Sch. ep. 98, wo der Brief eines sehr jugendlichen Leutnants erwähnt wird, der Gellert um Rat fragen will, aber leider vergisst, den Sachbetreff mitzuteilen, — oder VIII, ep. 165, wo Gellert von dem jungen Grafen Dohna berichtet, der selbst kommt und um ein „Frauenzimmer, wie die Schwedische Gräfin oder Lottchen in den zärtlichen Schwestern" bittet.
[215]) X. ep. 432; er litt also wohl an Hypochondrie.
[216]) X, ep. 369.
[217]) X, ep. 410.
[218]) IX, ep. 347.
[219]) IX. ep. 261, 262.
[220]) VIII, ep. 210.

Dann wieder berät er eine gnädige Frau, welcher „der ganze Plan ihres zukünftigen Lebens, der auf Ruhe und Einsamkeit ging", vernichtet war, und ermahnt sie zu Geduld und Demut[221]). Auch um äussere Unterstützung wandte man sich an ihn. Eine Dame aus Abo in Finnland schrieb an ihn, ob er nicht ihr nebst ihrem Gemahl und etlichen Kindern in Sachsen ein notdürftiges Auskommen schaffen könne[222]). Ein katholischer Professor aus Köln a. Rh. wünschte durch ihn „ein Stipendium oder eine Information" in Leipzig, um dort noch ein Jahr studieren zu können[223]). Auch durch solche äussere Hilfe — hervorgegangen aus Nächstenliebe und Pflichtgefühl — konnte religiöser Nutzen hervorgehen, zumal Gellerts Briefe in derartigen Fällen sicher christlichen Trost und Mahnung zur Antwort hinzufügten.

Bei der allgemein bekannten tief christlichen Gesinnung Gellerts darf es nicht wunder nehmen, wenn man auf seinen Rat und seine Empfehlung viel gab. Geistliche, die in eine andere Stelle wollten, junge Freunde, die sich vor einem angetragenen Amte fürchteten, schrieben an ihn[224]). Zahlreiche Anfragen von Familien, die christliche Hofmeister, Bibliothekare oder Sekretäre suchten, oder, von Adligen und Standespersonen, welche Pfarr- und Küsterstellen zu vergeben hatten, liefen bei ihm ein, und Gellert empfahl nur Freunde der Religion[225]). Wenn er jemanden als solchen noch nicht völlig kannte, liess er ihn öfter zu sich kommen und unterhielt sich mit ihm. Wurde er zu früh zu einem Urteil gedrängt, so musste einer seiner älteren Freunde erst ein günstiges Urteil abgeben[226]).

Wie viel Gutes man sich von seiner Empfehlung versprach, zeigt die grosse Anzahl von Wünschen, die bei ihm schriftlich eingingen. So soll er einmal gleichzeitig beschaffen: eine Französin nach Kopenhagen, zwei Hofmeister — von denen allerdings nur der eine ein Erzieher sein soll —, einen Professor (nach Zerbst), sodann einen Feldprediger, einen Sekretär und einen jungen Mann als Adjunkten (diese drei für den General Dohna)[227]). Ganz Deutschland und Dänemark muss er versorgen; selbst Gesellschafterinnen soll er, der Unverheiratete,

---

[221]) IX, ep. 280.
[222]) Sch. ep. 98.
[223]) Ebenda; vgl. ferner Sch. ep. 76 die Bemerkung: „Auch folgt noch ein Brief um ein Bittschreiben."
[224]) IX. ep. 331. VIII, ep. 186.
[225]) VIII, ep. 76: „frommes Herz." — Sch. ep. 75: „viel Religion." — Sch. Anhang Nr. 1: An die Gräfin Brühl. — Junge Theologen hörte er gern erst predigen, ehe er sie empfahl: Sch. ep. 87.
[226]) „Der vortreffliche Charakter des Herrn Professor Gellerts." S. 29.
[227]) Sch. ep. 11ᵇ. — Vgl. Sch. ep. 25. VIII, ep. 70. 97. 131. X, ep. 374. 379. 421. — Gellerts Verwendung für seine beiden Famuli Bock und Gödicke VIII, ep. 76. IX, ep. 321.

empfehlen. Auf den Vitzthumschen Gütern aber gab es schliesslich beinahe nur Geistliche, welche auf Gellerts Empfehlung gewählt worden waren [228]). Bis auf die Besetzung erledigter Professuren an Hochschulen erstreckte sich sein Einfluss. Als in Wittenberg ein Lehrstuhl für Mathematik neu besetzt werden sollte, empfahl Gellert dem Oberkonsistorium einen christlich denkenden Bewerber [229]).

Auch des Briefwechsels mit seinen Freunden muss gedacht werden; denn auch da bot sich für Gellert willkommene Gelegenheit zur Geltendmachung seines religiösen Einflusses. Auch hier wieder knüpfte sich das Band zwischen ihm und der Jugend. Viele seiner ehemaligen Schüler wünschten nach ihrem Weggang von Leipzig wenigstens im brieflichen Verkehr mit ihm zu bleiben, so ein Herr von Bose, den Gellert einen der glücklichsten und dankbarsten unter seinen jungen Freunden nennt [230]). Auch Joh. Meinhard, der Reisebegleiter, und Mag. Brunner, der Repetent des Grafen Moltke, sowie Graf Scheel werden von Gellert mit stolzer Freude als seine „Schüler und Freunde" bezeichnet. An den Grafen Ludwig Moltke aber schreibt er: „Ich liebe Sie, bete für Sie und bin zeitlebens der Ihre" [231]). In Schlesien endlich erwuchs ihm durch seinen Schüler Christian Garve ein förmlicher Freundeskreis in den Familien Garve und Förster. Zu erinnern ist hier auch an die innige Freundschaft mit dem Grafen Moritz v. Brühl, auf dessen vierzehnten Geburtstag Gellert bereits ein Gedicht verfasst hatte und an den er später eine grosse Zahl von Briefen sandte [232]).

Hierzu kam die Menge seiner alten Freunde: Johann Andreas Cramer, Elias und Adolf Schlegel, Gottlieb Wilhelm Rabener, Karl Christian Gärtner, Gottlob Leberecht Heyer. Mit den meisten von ihnen hatte Gellert früher an den „Belustigungen des Verstandes und des Witzes" und dann an den sogenannten „Bremer Beiträgen" gearbeitet. — In Schlesien hatte Gellert — abgesehen von den erwähnten Familien Garve-Förster — im Freiherrn von Craussen einen treu fürsorgenden Freund [233]), durch dessen grossmütige Gaben er seiner hochbetagten Mutter in Hainichen viel Freude bereiten konnte. In Dresden aber besass er seit seiner Korrespondenz mit Caroline Lucius, der Tochter des Geheimen Kabinettsregistrators, einen sich stets vergrössernden Bekanntenkreis, der mit dauernder Begeisterung den brieflichen Verkehr mit dem Leipziger Professor pflegte.

---

[228]) IX, ep. 286. Sch. ep. 22. 87.
[229]) X, ep. 426. Er hiess J. J. Ebert und ist nicht zu verwechseln mit J. A. Ebert, bei dem Gellert das Englische erlernt hatte.
[230]) VIII, ep. 204. — Vgl. überdies VIII, ep. 142. 186. IX, ep. 217.
[231]) IX, ep. 307. — ep. 314. 287. 301.
[232]) Die Gellertausgabe v. J. 1867 enthält 24.
[233]) VIII, ep. 18.

Seine Freundschaften schloss Gellert in echt christlichem Geiste „für zwo Welten" [234]); die Freunde aber fühlten sich auch durch etwas anderes unlösbar an ihn gefesselt: „es war bei der Freundschaft, die man für ihn hatte, nicht nur das, was sich bei jeder wahren Freundschaft findet, sondern noch etwas Grösseres und Eigentümlicheres, etwas gleichsam Brennendes und beinahe Enthusiastisches, welches von dem lebhaften Gefühl aller Vorzüge entstand, die aus seinem Herzen, seinen Reden und Handlungen hervorleuchteten: Dieses riss selbst diejenigen hin, die weniger genau mit ihm verbunden waren" [235]).

Diesen Freunden brachte Gellert allezeit eine herzliche Anteilnahme an Freud und Leid entgegen. Dem Freund von Bose macht er Mut, ein ihm angetragenes Amt anzunehmen, und wünscht ihm zur erhaltenen Domherrnstelle von Herzen Glück [236]). Den Freiherrn von Rochow tröstet er bei dem Verlust seines Vaters und versichert ihm seine innige Mitfreude an der Genesung von schwerer Krankheit [237]). Und wie er hier die Heilung eine von Gottes Barmherzigkeit gewirkte nannte, so fehlte es auch den andern gegenüber nicht an religiösen Gedanken. Einem Vetter, der ihm seine verdriesslichen Umstände klagte, schreibt er [238]): „Nichts ist in unsern Umständen so geringe, das nicht unter der Regierung der Vorsehung stünde." Mit demselben Gedanken tröstet er den Kommissionsrat Wagner aus Leipzig, der, von ernstlicher Krankheit befallen, auswärts Heilung suchte [239]); und auf göttlichen Trost und Hilfe verweist er den Freiherrn von Craussen, der um falscher Beschuldigung willen lange im Gefängnis liegen musste [240]), oder den treuen Freund Förster, der seine Tochter verloren [241]), und einen Freiherrn von K*, der den Verlust seiner Gemahlin beklagte [242]). Tief ergreifend ist besonders der Erbauungsbrief, den er seinem an der Auszehrung sterbenden Freunde und früheren Schüler Häseler ans Sterbelager sendet [243]).

---

[234]) VII, 147 MV²⁴.
[235]) Ernesti, a. a. O. S. 31. — Diese Schilderung der innigen Freundschaftsbande zeigt, dass man jene Zeit mit Recht eine Periode der Empfindsamkeit nannte. — Vgl. auch Liebich, Empfindungen u. s. f. S. 14.
[236]) VIII, ep. 186. IX, ep. 247.
[237]) IX, ep. 321. X, ep. 420. — Auch ergänzt er dessen Bücherverzeichnis durch christliche, nützliche Titel: denn Herr von Rochow hatte ihn gefragt: „Was lese ich und wie soll ich lesen, dass ich weiser und besser werde?" IX, ep. 253. 256.
[238]) VIII, ep. 68.
[239]) VIII, ep. 172.
[240]) IX, ep. 344.
[241]) X, ep. 372. 373.
[242]) X, ep. 411.
[243]) VIII, ep. 185. — Gellert vergass auch seine verstorbenen Freunde nicht. Tief trauerte er z. B. um den noch jugendlichen Hofrat Cronegk in Ansbach, der sein Schüler gewesen. VIII, ep. 146. 147. 151. 157.

Auch christliche Ermahnungen finden wir in den Briefen an seine Freunde und Verwandten. Seiner Schwester Sohn soll in seiner Arbeit treu bleiben und an sich erfahren, dass Gebet und Arbeit niemanden verlässt [244]). Der Graf Moritz von Brühl soll im Angesicht des Hofes über alle falschen Reize der Wollust und falschen Ehre durch Weisheit und durch den Zuruf eines empfindlichen Gewissens triumphieren und sich keinen Augenblick in seiner Glaubensgewissheit beirren lassen [245]). Ein Herr B** wird gemahnt, für das ewige Seelenheil der ihm untergebenen jungen Leute zu sorgen [246]). Ein Freund aber, der als dänischer Konsul im Heidenlande lebt, soll womöglich den Heiden seines Ortes das Evangelium bringen [247]).

Es sei noch vergönnt, von den dauernden freundschaftlichen Beziehungen zu sprechen, welche Gellert mit der gräflich Vitzthumschen Familie und mit der schon genannten Caroline Lucius pflegte.

Seit November 1758 bis in sein letztes Lebensjahr korrespondierte Gellert mit Joh. Erdmuthe von Schönfeld, deren Mutter sich in zweiter Ehe dem kursächsischen Generalleutnant der Kavallerie Grafen Vitzthum von Eckstädt auf Wölkau vermählt hatte. Hundertneun Briefe Gellerts an jenes Fräulein sind durch die Veröffentlichung im Jahre 1861 wieder zugänglich geworden und zeigen uns, wie er bei seiner Gabe, sich tief in die Interessen anderer einzuleben, alles nochmals erlebte, was im Vitzthumschen Hause vorkam; sie beweisen uns aber weiter, dass er auch hier seiner Pflicht und Gewohnheit, religiös zu wirken, nicht untreu wurde. Freilich, die Religion des Kreuzes zu verteidigen hatte Gellert in diesem Falle nicht nötig, da seine Korrespondentin einem ernst christlichen Haus angehörte. Dafür aber empfiehlt er Erdmuthen eine Menge guter Bücher. Neben Richardsons Sitten- und Familienroman Grandison und moralischen Wochenschriften werden Cramers Psalmenübersetzung, sowie von Mosheims und Jerusalems Reden gelobt, ganz besonders auch Mosheims Sittenlehre, eins der „Leibbücher" Gellerts [248]). Ausserdem überschickt Gellert seiner Korrespondentin von Zeit zu Zeit christliche Erbauungsschriften [249]). Es entsprach dies ja ganz seiner Ansicht, dass man in der Religion nicht stehen bleiben dürfe, sondern Fortschritte machen müsse.

---

[244]) VIII, ep. 184.
[245]) VIII, ep. 57. 80.
[246]) VIII, ep. 71.
[247]) IX, ep. 275. „Auch nur eine einzige Seele glücklich zu machen, ist das nicht die höchste That eines Menschen? Und kann diese That nicht Ihrem guten, liebreichen und christlichen Herzen ... vorbehalten sein?"
[248]) Sch. ep. 10. ep. 38.
[249]) Sch. ep. 29. 92. 107. 108.

Auch auf Erdmuthens Bruder [250]) erstreckte sich Gellerts Fürsorge. Kirchmanns kleine Schriften soll ihm die Schwester schenken; denn, „wenn er die — voranstehenden — Maximen der Weisheit und Religion oft liest und täglich auszuüben versucht, so wird er mit Gott ein sicheres Mittel haben, seinen Verstand und sein Herz in der grossen Welt unverderbt und unbefleckt zu bewahren". Er soll ferner beim ersten Feldzug lesen, was Spr. Sal. 2—3 geschrieben steht. Denn diese „enthalten den Weg, wie man zur wahren Weisheit oder zur lebendigen Erkenntnis und Ausübung der Religion und Furcht Gottes gelangen kann." Mit Ps. 119, 9 wird er zur Gottesfurcht ermahnt, die besonders zur Erfüllung der Soldatenpflichten nötig sei, und aufgefordert, sich ein ungekünsteltes Journal zu halten, weil dasselbe neben anderen Vorteilen oft Anlass biete, „so mannigfaltige Gefahren der Gesundheit, des Lebens und Gewissens und bei Errettung aus diesen Gefahren die Spuren der göttlichen Vorsehung dankbar zu bemerken" [251]).

Ungefähr zwei Jahre später begann Caroline Lucius ihren Briefwechsel mit Gellert, der uns einen reichen Einblick in ein Dresdener gut bürgerliches Haus thun lässt. In rascher Aufeinanderfolge reiht sich Brief an Brief und die Regelmässigkeit wird nur von den Reisen unterbrochen, welche die genannte Dame nach Leipzig unternimmt, um den lieben Herrn Professor mit zu besuchen. Das lebensfrische Mädchen, das fünf Jahre nach Gellerts Tode Gemahlin des Pastors Gottlieb Schlegel in Burgwerben bei Weissenfels wurde, wird im Laufe ihres brieflichen Verkehrs sichtbar religiös angeregt und beeinflusst. Sie geht Gellert um Entscheidung an, ob sie den zweiten Teil von Rousseaus Emil lesen darf, und Gellert rät ihr nach reiflicher Erwägung davon ab. Er selbst hat von dem Buche nur die Vorrede gelesen. „Allein, wenn seine Weisheit im ganzen sich nicht mit der Religion verträgt, wie man ihm Schuld giebt, und auch nur einer einzigen Wahrheit der heiligen Schrift widerspräche, so entbehre ich sie mit grosser Zufriedenheit und werde, so lange mich zuverlässige Richter nicht das Gegenteil lehren, andere lieber bitten, das Werk nicht zu lesen [252]." Später beantwortet er in einer Reihe von Briefen ausführlich Carolinens Anfrage, wie sie einen jungen Mann, der „über einige der Hauptwahrheiten der christlichen Religion in Zweifel und dann in Irrtum geraten" ist, bessern könne. Gellert meint, da derselbe durch ein gefährliches Buch zum Irrglauben verführt worden

---

[250]) Erdmuthe hatte zwei Brüder: Adolf (geb. 43) und Friedrich (geb. 44). Hier ist wohl der Letztere gemeint, welcher sich dem Soldatenstande widmete und 1767 Oberwachtmeister wurde.
[251]) IX, ep. 255 und 278. — Sch. ep. 59. 80.
[252]) IX, ep. 272 und 273.

sei, werde er sich vielleicht durch ein gutes Buch wieder zurückbringen lassen. Darum soll er das Neue Testament unter Beherzigung von Spr. Sal. 2. 2—7 oft und viel lesen. Gellert empfiehlt ihm eine ganze Reihe von neuen apologetischen Schriften — meist Übersetzungen aus dem Englischen — zur eifrigen Lektüre, hält aber zur rechten Zeit damit inne, als er merkt, dass der Irrgläubige seiner Lieblingsmeinungen, wenn sie niemand mehr bestreite, satt werden und sie mit besseren vertauschen werde [253]). Bis zu seinem letzten Krankenlager hat Gellert an Caroline Lucius geschrieben und in einem seiner letzten Briefe [254]) tröstet er sie in christlicher Weise über den Verlust ihres Bräutigams, mit dem sie gänzlich hatte „brechen" müssen.

So finden wir Gellert auch bei seinem Briefwechsel allezeit in religiöser Wirksamkeit begriffen. Nur mit Zuhilfenahme aller freien Augenblicke und unter Anwendung grosser Selbstbeherrschung konnte es ihm möglich werden, diese Thätigkeit fortzusetzen; denn sein schweres körperliches Leiden gönnte ihm nur wenig gesunde Tage [255]).

Nach den bisherigen Darlegungen wird es lehrreich sein, die Erfolge zu zeigen, welche Gellerts religiöses Wirken gehabt hat. Allerdings kann dies nur sehr mangelhaft geschehen, da es ganz unmöglich ist, ins Herz der Tausende und Zehntausende zu blicken, mit welchen Gellert als akademischer Lehrer, als Schriftsteller oder im Privatverkehr in Berührung gekommen ist. Aber wir können doch aus einer Reihe einzelner Erscheinungen sowohl bei Lebzeiten, als auch bei und nach dem Tode Gellerts eine Vorstellung von dem erfolgreichen religiösen Wirken gewinnen, welches dieser Mann unfraglich im grössten Umfange ausgeübt hat.

Gellert konnte die Erfolge seines religiösen Wirkens noch selbst erleben. Zunächst im Kreise seiner akademischen Hörer, besonders derjenigen, die ihm in seiner Wohnung persönlich näher traten. — „Gott erhalte Sie gesund und lasse Sie noch lange Tugend und Religion einer Jugend einpflanzen, die auf unsern Akademien sonst leider auf Gelehrsamkeit fast allein angeführet wird!" diesen Wunsch sandte Professor Heyne aus Göttingen [256]), und die akademische Jugend fühlte grossenteils dieses Verdienst Gellerts. Die Liebe und Ehrerbietung der Studenten gegen ihn war ausserordentlich gross [257]). Die vielen

---

[253]) Vgl. IX, ep. 325 bis ep. 329 und ep. 333 bis ep. 337.
[254]) X, ep. 424, vom 16. Nov. 69.
[255]) Dies war der Grund, weshalb Gellert spätere Anträge auf Briefwechsel ausschlug, z. B. IX, ep. 288.
[256]) X, ep. 360.
[257]) Cramer, a. a. O. X, S. 252. Goethe, Dichtung und Wahrheit, G. Buch. Hempel, XXI, S. 32.

Thränen, welche in seinem Hörsaal flossen[258]), sind ganz gewiss nicht das Zeichen einer erheuchelten, sondern der Beweis einer wahren, tiefen Ergriffenheit, die sich mitunter des gesamten Auditoriums bemächtigte. Cramer nennt[259]) den Nutzen, welchen die moralischen Vorlesungen hatten, einen so sichtbaren, dass er auch Gellert selbst nicht verborgen bleiben konnte. Mathesius berichtet aus eigenster Erfahrung — er war Archidiakonus an der Nikolaikirche —, dass Gellerts Andacht bei der Vorlesung der öffentlichen Kirchengebete viele, also Bürger und gewiss auch Studenten, zur Nacheiferung veranlasst habe[260]). Christian Garve aber sprach sich über das, was er Gellert verdanke, so aus[261]): „Ich habe es beständig als eine der grössten Wohlthaten von Gott erkannt, dass er mich in Ihr Haus und in Ihre Bekanntschaft gebracht hat. Nicht bloss Ihr Unterricht, Ihr Rat, Ihre Fürsorge für mein Glück, sondern noch vielmehr der starke und beständige Antrieb, den ich zur Ausübung meiner Pflichten in dem Wunsche und in der Hoffnung, Ihre Gewogenheit und Ihren Beifall zu erhalten, gefunden habe und immer finden werde, dieses ist ein Geschenk der Vorsicht, die meine schwache Tugend dadurch unterstützen und befestigen wollte. Ich erinnere mich niemals der Stunden, die ich bei Ihnen zubrachte, ohne Gott dafür als für die glücklichsten meines Lebens zu danken..... Ja! teuerster Herr Professor, wenn ich jemals so unglücklich wäre, den Gedanken einer schlechten und unedlen Handlung zu haben, so würde die Erinnerung an Ihre Freundschaft die Tugend augenblicklich wieder in mein Herz zurückrufen." Solchen begeisterten Versicherungen begegnen wir öfter[262]). Ein Herr B** bestätigte brieflich, dass Gellert seinem verstorbenen Bruder, der erst kürzlich die Universität und Gellerts Hörsaal verlassen hatte, noch im Tode durch seinen Unterricht heilsame Dienste geleistet habe[263]), und der sterbende von Häseler giebt in seinem letzten Brief an Gellert seinem Danke den erhebendsten Ausdruck; er denkt an den nahen Himmel:

"Da will ich dem den Dank bezahlen,
Der Gottes Weg mich gehen hiess,
Und ihn zu Millionenmalen
Noch segnen, dass er mir ihn wies"[264]).

Der Kurfürst von Bayern endlich hatte sich Vorlesungen der Leipziger Professoren schicken lassen und war, wie Gellerts Fa-

---

[258]) Cramer, a. a. O. X, S. 268. — S. auch Jördens Lex.
[259]) Cramer, X, S. 257.
[260]) Mathesius, a. a. O. S. 49.
[261]) X, ep. 378.
[262]) Cramer, a. a. O. X, S. 235. Dankbares Andenken aufrichtiger Freunde u. s. f. S. 9.
[263]) X, ep. 437.
[264]) VIII, ep. 189.

mulus Gödicke berichtet, durch die Ausführungen Gellerts „von der Beschaffenheit, dem Umfange und dem Nutzen der Moral" so gerührt worden, dass er sich dieselben wiederholt abends vorlesen liess und sie seiner Akademie der Wissenschaften zur Drucklegung übergab, damit der Inhalt „gemeinnützig" würde [265]).

Um aber einen recht sichtbaren Beweis von Gellerts unmittelbaren Erfolgen zu geben, mag hier die köstliche Scene Platz finden, welche uns ein Ausländer, der Gellerts Hörer war, überliefert hat [266]): „Ich muss doch Euren alten Tröster, von dem Ihr so viel Wesens macht, hören", sprach einmal ein roher Knabe von einer fremden Akademie blasphemisch witzig. Der Unbärtige, dem es von ungefähr eingefallen war, Freigeist zu werden, tritt mit einem ungeheuren Hute, einer frechen Stirn und unverschämter Miene, fürchterlich durch seinen Raufdegen, in den Hörsaal des Weisen. Er steht eine Weile. — „Ist das Gellert?" fängt er an. Ja, sagte ich, das ist der Mann, den Sie das Herz gehabt haben zu lästern. „Ich weiss nicht", fährt er fort, „wie mir wird. Man kann dem Geiste, der aus diesem Menschen spricht, nicht widerstehen: er bemächtigt sich der ganzen Seele. Vergeben Sie mir, dass ich von einem Manne übel sprach, den ich nicht kannte!" Ich kann Ihnen gern vergeben, war meine Antwort; ist es aber möglich, dass Sie sich selbst vergeben können? Der Poltron ward so fromm als wie ein Kind. Dieser Jüngling ist seitdem ein wackerer Mann geworden. — Bekannt ist von Gellert auch, dass es ihm allein gelang, die im September 1768 sehr unruhig gewordenen Studenten durch die Macht seiner Rede zu beschwichtigen [267]). Als er ein Jahr später auf dem Sterbebette lag, war seine Wohnung von Studenten umlagert, weil „das schwarze Brett" Nachrichten über seine Krankheit brachte [268]) — gewiss auch ein Beweis von Anhänglichkeit, der auf Gellerts religiöses Wirken zurückschliessen lässt.

Dass natürlich unter der Menge von Hörern gelegentlich auch solche waren, die es mehr auf Zeitvertreib und Belustigung als auf Besserung ihres Herzens abgesehen hatten, wie Gellert selbst merkte [269]), dass einzelne in seiner Fürsorge für die vornehmen Dänen eine ungerechte Bevorzugung erblickten [270]), oder dass ein durchreisender Franzose voreilig von ihm urteilte [271]): Laissez-le faire, il nous forme des dupes, ist begreiflich und kann das Gesamturteil über das erfolgreiche religiöse Wirken Gellerts nicht wesentlich beeinflussen.

---

[265]) Sch. ep. 104, Beilage von Gödickes Hand.
[266]) Empfindungen eines Ausländers u. s. w. S. 21 f.
[267]) Cramer, a. a. O. X, S. 256. — X. ep. 402 u. 444.
[268]) Zärtliche Klagen eines Jünglings u. s. f. S. 9.
[269]) Ernesti, a. a. O. S. 16.
[270]) Goethe, Dichtung und Wahrheit, 7. Buch. Hempel, XXI, S. 76.
[271]) Ebenda.

Wie hoch die Angehörigen der jungen Männer den religiös-sittlichen Einfluss Gellerts schätzten, erkennt man aus den häufigen Geschenken, die bei dem Leipziger Professor eingingen. Die Gräfin Schulin in Kopenhagen beschenkt ihn mit Thee, weil ihr Sohn Gellerts Hörer ist [272]). Eine Frau von Campenhausen aus Livland sendet zum Dank für Gellerts Lieder, vor allem aber, weil ihr Sohn Gellerts Hörer gewesen, zweihundert Thaler [273]). Ein glücklicher Vater in London, dessen Sohn vor drei Jahren zu Gellerts Füssen gesessen hat, nun aber von Reisen zurückgekehrt ist, schickt einen Wechsel von hundert Thalern [274]).

Lässt sich ein solcher Einfluss noch überbieten? Es scheint kaum möglich, und doch wird man fast geneigt, die religiösen Erfolge, welche Gellert in anderen Kreisen des Volkes durch seine Schriften und Briefe sowie durch seinen persönlichen Umgang erzielte, für noch grösser zu halten.

Dass sich Caroline Lucius bemühte, jenen jungen Menschen, der durch das Lesen aufklärerischer Schriften vom rechten Glauben abgewichen war, wieder zurecht zu bringen [275]), war ein ungesuchter Erfolg Gellerts. Dass die Gräfin Vitzthum auf ihren Gütern nur treffliche und fromme Geistliche anstellte, welche Gellert empfohlen hatte [276]), hat gewiss für Hunderte Segen gebracht. Unter der Hochflut von schriftlichen und mündlichen Beifallsbezeugungen, welche von Leuten aus allen Gegenden Deutschlands und aus dem Auslande eingingen, finden wir eine Menge glaubwürdiger Berichte von Personen, welche die Besserung ihres Herzens auf Gellerts Schriften zurückführten [277]). Da lässt ein Witwer Gellert seinen Dank für den Trost aussprechen, den die „Geistlichen Lieder" seiner sterbenden Gemahlin noch im Tode erwiesen haben [278]). Ein österreichischer Hauptmann sagt dem „von der halben Welt" Verehrten für seine Schriften treuherzigen Dank [279]). Leopold Mozart, der

---

[272]) Sch. ep. 83.
[273]) VIII, ep. 154. Im ganzen waren es 300 Thaler: 100 waren für Gellerts Leipziger Bruder bestimmt.
[274]) VIII, ep. 158.
[275]) Siehe unter Note 253.
[276]) IX, ep. 286.
[277]) Ausser den im folgenden gebotenen Beispielen vgl. Gellerts Antworten: IX. ep. 213, 332, 348, und die Andeutung Sch. ep. 63: „Auch schicke ich Ihnen ein französisch Billet, das ich mit der Post erhalten, ohne zu wissen von wem, und das mich deswegen beunruhigt, weil ich fühle, dass michs nicht erfreut."
[278]) „Vollständige Sammlung der Gedichte, welche der Tod" u. s. w. S. 139 Anm. Es war dieser Witwer einer von den wenigen Bescheidenen, welche die gegebene Gelegenheit, mit Gellert in Briefwechsel zu treten oder wenigstens ihrerseits an ihn zu schreiben, nicht ausnützten.
[279]) IX, ep. 259 und 260.

Vater des Wolfgang Amadeus, empfiehlt seinen Freunden Gellerts Schriften und bietet dem Dichter in einem Dankbrief seine Freundschaft an [280]). Aus Amerika aber schreibt einer, der sich bisher nicht um Gott gekümmert, an Gellert, dessen „Trostgründe wider ein sieches Leben" ihn zur Religion zurückgeführt hatten, und bittet um Regeln, wie er sein künftiges Leben einrichten und Gott versöhnen solle [281]).

Andere sagten ihm ihren Beifall mündlich. Major Quintus versicherte: „Ich bin Ihr Freund und ein grosser Verehrer Ihrer Schriften" [282]). Der Held des Husarenbriefs besuchte Gellert und bot ihm von seiner Beute bei Zorndorf etliche Rubel, hernach ein Gewehr an aus grosser Liebe zu seinen Schriften [283]). Ein preussischer Feldwebel aus Livland hatte, aus tödlicher Verwundung genesend, im Hause eines böhmischen Doktors Gellerts Schriften gefunden und wohl zwanzigmal durchgelesen. Auf der Heimreise machte er einen Umweg von fünf Meilen, um Gellert zu sehen und ihm zu sagen: „Sie haben mich oft vom Bösen abgehalten und zum Guten ermuntert. Ach, das sei Gott im Himmel gedankt und Ihnen. Er segne Sie dafür und gebe Ihnen Gesundheit und ein langes Leben und das ewige Leben" [284]). Auch die sächsische Prinzessin Christine versicherte ihm, dass sie die „Trostgründe wider ein sieches Leben" während ihrer Krankheit mehrmals gelesen und sich durch sie beruhigt gefühlt habe [285]). Nach seiner Rückkehr von einer Karlsbader Reise konnte Gellert berichten: „Alle Menschen haben mir, wo sie mich sahen, Gutes über Gutes gewünschet und die meisten mir für meine Schriften, insonderheit für meine Lieder, oft und viel gedanket" [286]). — Major von Kleist aber dichtete verfrüht auf Gellerts Tod die rühmlichen Worte:

„Als dich des Todes Pfeil, o Gellert! jüngst getroffen,
Klagt' ich und weint' und sah den Himmel plötzlich offen;
Auch den belebten Raum der weiten Welt sah ich:
Die Erde weinete, der Himmel freute sich" [287]).

Wie dem akademischen Lehrer, so gingen auch dem Schriftsteller Gellert zahlreiche Geldspenden zu, durch die man sich ihm, der nur geringen Jahresgehalt bezog, für den religiösen Gewinn aus seinen Werken dankbar erweisen wollte. Ein junger preussischer Offizier, der eben eine Erbschaft angetreten, reist

---

[280]) Vgl. X, ep. 431.
[281]) Zärtliche Klagen eines Jünglings u. s. f. S. 16. Diesen Brief las Gellert im Hörsaal vor.
[282]) Sch. ep. 53.
[283]) VIII, ep. 165.
[284]) IX, ep. 298.
[285]) IX, ep. 292 Nachtrag.
[286]) IX, ep. 291.
[287]) VIII, ep. 146. 151.

durch Leipzig, besucht Gellert, sagt, dass er ihm wegen seiner Schriften unendlichen Dank schuldig wäre — dieselben hätten sein Herz gebessert — und nötigt dem sich Sträubenden ein Papier mit zwanzig Louisdoren förmlich auf[288]). Eine Dame giebt beim Famulus einen Brief und ein Arzeneischächtelchen ab, welches mit Louisdoren gefüllt war: Gellert kann, da der Brief leer ist, die Geberin nicht in Erfahrung bringen[289]). Im Kriegsjahre 1760 aber laufen binnen acht Tagen zweimal je hundert Thaler mit der preussischen Post aus der Magdeburger Gegend ein, begleitet von wenigen Zeilen „voll grosser Liebe und Ergebenheit", die Gellert „bis zu Thränen" demütigen[290]). Herr von Rochow auf Rekahn sowie der als Geber nie entdeckte Graf Moritz von Brühl in Warschau liessen Gellert sogar freiwillige, bedeutende Jahresgehälter zukommen[291]), und der Freiherr von Craussen in Schlesien erteilte die zurückgewiesene Jahresgabe Gellerts hochbetagter Mutter[292]). — Manche gaben ihrem Danke anderen Ausdruck. Eine Frau von Falkner schickt ihm aus Basel eine Schachtel voll selbstgebackenen Pfefferkuchen[293]). Vom Generalleutnant Grafen Vitzthum kommt wiederholt Brennholz für den Winter, einmal ein sechsspänniges Fuder[294]). Andre Freunde suchen ihn durch Sendung von Wein zu erfreuen[295]).

Sehr freundlich stellte sich auch der sächsische Hof zu Gellert. Die Kurfürstin wollte im Jahr 1758 aus ihrer Privatschatulle die doppelte Pension an ihn zahlen, als von der erschöpften Staatskasse die Gehälter nicht regelmässig ausgezahlt werden konnten. Es geschah dieses Anerbieten, welches Gellert mit patriotischer Uneigennützigkeit ausschlug, auf die Verwendung der Vitzthumschen Familie hin. Sechs Jahre später, als die Pensionen infolge des eben erst beendigten Krieges noch nicht gezahlt werden konnten, erhielt Gellert „von der guten Kurfürstin" zweihundert Thaler als willkommene Gratifikation[296]). Als Ende 1768 die Schecke starb, welche Gellert durch Herrn von Kalkreuth aus dem Marstall des Prinzen Heinrich von Preussen erhalten hatte, schickte ihm der Kurfürst ein lichtbraunes Pferd, das er erst auf dem Schlosshof probieren liess, ob es nicht scheute[297]).

---

[288]) VIII, ep. 66. — Sch. ep. 25.
[289]) VIII, ep. 162.
[290]) VIII, ep. 192 und 194. — Sch. ep. 45.
[291]) IX, ep. 256, 304, 311. — Sch. ep. 27. VIII, ep. 178, 180.
[292]) VIII, ep. 14, 16, 19, 72, 167.
[293]) Sch. ep. 12.
[294]) Sch. ep. 76, 101.
[295]) VIII, ep. 21. — Tgb. v. J. 61 vorn.
[296]) VIII, ep. 161. — IX, ep. 339.
[297]) X, ep. 406, 413. Gellert konnte es leider nicht gebrauchen: ep. 418.

Auch der Feind schätzte Gellerts Verdienste. Seine Wohnung in Leipzig und sein Geburtsort blieben fast ganz von Einquartierung verschont, und der General Hülsen liess dem Rate zu Hainichen sagen, dies geschehe aus Wohlwollen gegen den Professor Gellert und seine Schriften [298]. Als einst Leipzigs Thore verschlossen waren, durfte dieser allein den Versuch wagen, durch die preussischen Posten hindurch Briefe nach auswärts zu schicken [299]. Und auf einer Fahrt nach Bonau zur Familie von Zedtwitz bewirteten ihn preussische Offiziere, und die Vorposten erhielten Befehl, den Postwagen mit dem Professor nicht anzuhalten [300]. — Selbst im katholischen Österreich erkannte man die aussergewöhnliche Segensfülle, welche von Gellert ausging, und befreite seine Bücher von der strengen Censur, welche unkatholische Schriften sonst traf [301]. — Die Stadt Leipzig aber hatte durch besonderen Ratsbeschluss ihrem grossen Mitbürger gestattet, zu seiner Erholung im Rosenthal zu reiten, was sonst niemandem erlaubt war [302].

Dass das niedere Volk Gellert ebenfalls reichen Segen verdankte, ist gewiss, wenn auch weniger Zeugnisse darüber auf uns gekommen sind. Doch fehlen sie nicht ganz. Ein Bauer, der nicht schriftlich danken kann, bringt den Beweis seiner Erkenntlichkeit in einem Fuder Holz vor Gellerts Thür [303], ein fremder Käshändler beschenkt den Dichter für seine Schriften mit Parmesankäse [304], und die schmutzbedeckte Postmagd im Karlsbade küsst ihm für seine Schriften dankbar die Hand [305]. Wohl nur durch mündliche Überlieferung hat sich erhalten, was Leo (im „frommen Leben Gellerts" S. 32) berichtet, dass nämlich der poetisch und stilistisch schlechte Vers:

„Lebe, wie du, wenn du stirbst.
wünschen wirst, gelebt zu haben!"

von guter Wirkung auf fluchende und trinkende Maurergesellen gewesen sei [306], und dass die zwei Zeilen:

„Ach Gott, wie muss das Glück erfreu'n,
Der Retter einer Seele sein!"

---

[298] Sch. ep. 53. Cramer, a. a. O. X, S. 237. — Nach Hubers Lobschrift S. 37 wurde Hainichen auch durch den Prinzen Heinrich aus Achtung für den Herrn Gellert von einer Kontribution befreit.
[299] Sch. ep. 19. Die Gemahlin des preussischen Stadtkommandanten war seine „grosse Gönnerin".
[300] VIII, ep. 190.
[301] IX, ep. 301.
[302] Fricke, Rede u. s. f. S. 7.
[303] Koch, Geschichte des Kirchenlieds und Kirchengesanges. 3. Aufl. Art.: „Gellert".
[304] Sch. ep. 93.
[305] IX, ep. 291.
[306] II, 141. — Vgl. Luthardt, Rede am 13. Dezember 1869, Anm. 15.

einem etwas zaghaften Christen Mut gemacht hätten, seine Mitreisenden, die im Postwagen unsittliche Gespräche führten, auf das Eine, was not ist, hinzuweisen.

Und wem etwa die Augen über Gellerts Erfolge bei dessen Lebzeiten noch nicht aufgegangen waren, der hatte Gelegenheit, das religiöse Verdienst dieses Mannes nach seinem Tode zu ermessen. Im Dezember 1769 und in den nächsten Jahren erschien eine wahre Sintflut von Schriften über Gellerts Tod, welche sich aus der Schreibseligkeit des Jahrhunderts allein nicht erklären lässt [307]. Es war für die einzelnen deutschen Volksstämme förmlich Ehrensache geworden, in die allgemeine Klage mit einzustimmen [308]. In der Lausitz, in Schlesien, Schwaben, Österreich tauchen Flugschriften in Poesie und Prosa auf, meist dürftig nach Inhalt und Form — Gellert wird in ihnen als der Menschenfreund, der Christ, als ein Lehrer des Menschengeschlechts und ein liebreicher Vater gefeiert — zum Teil von recht halbgebildeten Verfassern; aber alle sind eins in inniger Anerkennung und im Lob seiner religiös-sittlichen Wirksamkeit, sowie in der tiefen Trauer um seinen Verlust und in der fast begeisterten Schilderung seines erbaulichen Lebensendes. Man weiss zu rühmen, wie vorbildlich Gellerts regelmässiger Kirchenbesuch in ganz Leipzig wirkte [309]. Eltern klagen „um den, der ihrer Sorge Teil für ihre Kinder wohl getragen" [310]. — Zahlreich waren auch jetzt die Lob- und Danksprüche von Leuten, denen Gellert ein „Seelenretter" geworden. So singt einer [311]:

„. . . . . kann ich auch in diesem Leben
Ihm keinen würd'gen Dank durch meine Lieder geben,
Jauchz' ich und Tausende mit mir vor Gott ihm zu:
Du bist mein Freund, mein Seelenretter, du!"

---

[307] Dasselbe Urteil s. in der Vorrede zu den „Schwäbischen Beyträgen". S. 2.

[308] Schwäbische Beyträge. S. 3: „Unsere guten Schwaben haben indessen im stillen ihre Thränen in Deutschlands allgemeine Klage geweint, — ein Beweis, dass auch sie die Grösse dieses Verlustes empfinden. Ich wage es nun, in einigen Pinselzügen zu zeigen, wie sehr man auch unter uns von dem vortrefflichen Charakter dieses grossen Mannes überzeugt sei." — Die zweite Seite der „Empfindungen etc." von Ehrenfried Liebich, Hirschberg 1770, enthält eine Aufzählung von schlesischen Verehrern Gellerts. — In der „Vollständigen Sammlung der Gedichte, welche der Tod des Herrn Prof. Gellert veranlasset hat", findet sich unter Nr. 6, S. 102 ein Gedicht „Auf Gellerts Tod" von einem Grafen aus der Oberlausitz. — In Österreich aber besangen die Jesuiten Karl Mastalier, Michael Denis und Christoph Regelsberger den Verstorbenen.

[309] Liebich, Empfindungen. S. 8.

[310] „Dem Andenken Gellerts gewiedmet von der Gräfin von ****", S. 9.

[311] Vollständige Sammlung der Schriften, welche u. s. w. S. 99.

Und andere sprechen aus innerstem Herzen mit Gellerts eignen Worten [312]):

„Heil sei dir! denn du hast mein Leben,
Die Seele mir gerettet, du!"

Sogar Fälschungen treten auf, in welchen Gellert erfundene Thaten und Erfolge angedichtet werden. Da schreibt ein angebliches „Leipziger Frauenzimmer", sie habe zwölfjährig ihren Vater verloren, sei von der Mutter nach Gellerts Grundsätzen erzogen worden, habe mit diesem Briefe getauscht und von ihm auch ihre beiden Männer zugewiesen erhalten. Ein „alter, erfahrener Offizier", leider Pseudooffizier, weiss zu berichten, ganze Armeen hätten die geistlichen Oden und Lieder, sowie die Trostgründe wider ein sieches Leben bei sich gehabt; Gellerts Name sei das letzte Wort sterbender Offiziere gewesen; einer sei auf Wachtposten gefangen genommen worden, weil er noch eine Gellertsche Fabel auslesen wollte, ehe er das Pferd zur Flucht bestieg [313]). — Schliesslich gerieten verschiedene der Scribenden mit einander in Streit, weil in ihren Flugblättern einer dem andern nachwies, wie wenig seine Lobeserhebungen und sein selbstgefälliger Stil den wirklichen Verdiensten Gellerts entsprächen [314]). — Auch musste sein Name als buchhändlerisches Zugmittel auf Schriften stehen, deren Inhalt mit ihm in keiner Beziehung stand [315]). Die Bewohner Leipzigs aber unternahmen förmliche Wallfahrten nach des frommen Mannes Grab, so dass der Leipziger Rat zuletzt ein Verbot dagegen erlassen musste [316]).

Wie sehr die folgenden Jahrzehnte unter dem Eindruck von Gellerts Persönlichkeit standen, zeigt der Umstand, dass noch 1778 Pfeffel im Elsass in seiner Fabel „Der Knabe und sein Vater" dem jungen Grafen von Custine für zukünftige Siege in Deutschland im voraus milde Schonung anempfiehlt, weil es Gellerts Vaterland sei [317]), und dass sich noch zwanzig Jahre

---

[312]) II, 186. — Ferner: „Vollständige Sammlung der Gedichte, welche u. s. f." S. 138. — Betrachtungen beim Tode Gellerts an die beiden Grafen von Neipperg. S. 32.

[313]) Die beiden Schriften: „Gellert als Vater, von einem Leipziger Frauenzimmer beschrieben" und „Gellerts Andenken in der Campagne, aufgerichtet von einem alten, erfahrenen Offizier von T**", enthalten noch mehr Unglaubliches und rühren von einem Verfasser her, der weder Frauenzimmer noch Offizier war, wie die Verfasser der „Moralischen, Satyrischen und Kritischen Anatomie u. s. f." hinterher entdeckten.

[314]) So die kritischen Anatomiker mit dem Verfasser der „Freundschaftlichen Erinnerungen u. s. f." (von Prof. Froriep).

[315]) So beschäftigt sich die Flugschrift „Gellert und Rabener, ein Totengespräch" mit einer Hungersnot vom J. 1772.

[316]) Hettner, Litteraturgeschichte III, S. 410. — Luthardt. a. a. O., S. 21. — Muncker in der Kürschnerschen Ausgabe S. 11.

[317]) Siehe Rud. Hildebrand in der Zeitschrift für deutschen Unterricht. 7. Jahrg. 1893, S. 84 ff.: „Etwas von Pfeffel und Gellert".

nach des Dichters Tode die verwitwete Königin Elisabethe Christine von Preussen um die Übersetzung seiner geistlichen Oden und Lieder, sowie der moralischen Vorlesungen ins Französische eifrig bemühte [318]. — Und diese Empfindung von Gellerts einzigartiger Persönlichkeit und religiöser Bedeutung hielt auch im Auslande an. Der russische Geschichtschreiber Karamsin hatte in seiner Jugend Moralunterricht erhalten. Der Lehrer legte Gellerts Vorlesungen zu Grunde und sagte den Schülern: „Meine Freunde, werdet so, wie zu sein Gellert lehrt, und Ihr werdet glücklich sein!" Nun widmete sein Schüler auf einer Reise durch Europa (1789—90) bei seinem Leipziger Aufenthalt einen grossen Teil der Zeit Gellert, und die Worte, die er abends zum Wirt sprach, zeigen uns, welch tief empfundenes Bild Gellerts vor seiner Seele schwebte. Er sagte nämlich, nachdem er die Denkmäler des frommen Mannes besucht hatte, zum Wirte: „Nein, Herr Memel, ich komme nicht zum Abendessen. Ich setze mich ans Fenster, nehme Weisses Elegie auf Gellerts Tod vor mich, Cramers und Denis Oden, werde lesen, mitempfinden und recht weinen. Den heutigen Abend widme ich dem Andenken des Wohlthäters der Menschheit, er hat hier gelebt und das Wohlthun gelehrt" [319]. — Der Berichterstatter, der im Oktoberheft des Journal encyclopédique v. J. 1775 die Übersetzung der Cramerschen Gellertbiographie durch eine Frau la Fite ankündigt, erkennt in warmen Worten an, dass Gellert nicht bloss in seinen Werken modèles de goût, sondern vor allem auch in seinem Leben exemples de toutes les vertus gegeben habe, und stimmt dem Urteil der Übersetzerin bei: „Sa vie est un traité de morale mis en action" [320].

Alle grossen Männer haben nicht nur für ihre Zeitgenossen gelebt, sondern wirken auch auf spätere Geschlechter. Gar mancher Segen strömt noch heute von Gellerts Liedern aus, mögen sie nun in Gotteshaus und Schule gesungen werden oder der häuslichen Erbauung dienen. Dieser Segen wird auch nicht aufhören, solange es deutsche Gesangbücher giebt; aber er lässt sich nach seinem Umfange nicht abmessen und beschreiben. Wenn wir daher im folgenden noch kurz über religiöse Nachwirkungen etwas sagen wollen, so kann sich das nur auf vereinzelte Spuren beziehen, wie sie zufällig zu Tage getreten sind. Hettner [321] macht darauf aufmerksam, dass die beispiellos volkstümliche Stellung Gellerts sich namentlich in den unteren und

---

[318] Süpfle, a. a. O. S. 162 f. — Die ersteren erschienen 1789, die letzteren 1790.
[319] Rud. Hildebrand, a. a. O. S. 89 f.
[320] Th. Süpfle, a. a. O. S. 163.
[321] H. Hettner, Geschichte der deutschen Litteratur im 18. Jahrh., III, 1. S. 409.

mittleren Schichten der Bevölkerung bis in den Anfang unseres Jahrhunderts, in den Gebieten der deutschen Sprachgrenze aber, in Holland, Österreich, den russischen Ostseeprovinzen und in Welschtirol viel länger erhalten habe, und macht zum Beweise geltend, dass die neue Klee'sche Ausgabe von Gellerts Schriften im Jahre 1839 binnen wenig Monaten vorzüglich nach jenen Gegenden ausverkauft worden sei, und sich rasch zwei weitere Auflagen nötig gemacht hätten. Karl Hagenbach berichtet[322]), dass für seine Altersgenossen „der Gellert" so gut als der Katechismus zu den üblichen Schulbüchern gehört und dass dem Kinde der Name Gellerts als Name des Buches gegolten habe, ehe es wusste, dass je ein Christian Fürchtegott Gellert als Professor in Leipzig lebte. H. Schuller erwähnt[323]) eine Aussage des Herrn Professors R. Hildebrand in Leipzig, nach welcher bei dessen Eltern, besonders der Mutter, die Lieder Gellerts die beliebtesten waren, zu denen man in Sorgenstunden griff. Ähnliches berichtet H. Grimm[324]) in seinen Goethevorlesungen. Verfasser selbst hat als Knabe in der Religionsstunde aus Lehrers Munde oft gehört:

   Des Lasters Bahn ist anfangs zwar
   Ein breiter Weg durch Auen;
   Allein sein Fortgang wird Gefahr,
   Sein Ende Nacht und Grauen[325]).

Gewiss mancher, der vor der Gellertstatue im Rosenthale oder an des Dichters Grab im alten Johannisfriedhof gestanden, hat etwas von der Segensfülle geahnt, die von diesem Manne einst ausging, und sich gefragt, ob auch er „des Lebens Zweck und Wert" so sehr in wachsender christlicher Vollkommenheit und Liebe zu den Brüdern gefunden habe, wie jener grosse Bürger Leipzigs[326]).

 Neben diesen anerkennenden Zeugnissen für Gellerts religiöse Verdienste steht natürlich auch die Kritik. Sie wurde zwar nicht bloss von der Nachwelt an Gellert ausgeübt, sondern schon kurz nach seinem Tode von den Zeitgenossen begonnen. Es ist aber interessant zu beobachten, wie vereinzelt sie sich anfangs an diesen Heiligen des Volkes heranwagte. Ganz schüchtern erhob sie ihre Stimme in einem Flugblatte[327]),

---

 [322]) Im „Gellertbuche" v. Ferdinand Naumann S. 38 ff.: „Über Gellert als geistlichen Liederdichter".
 [323]) H. Schuller, Über Gellerts erzieherischen Einfluss. S. 30.
 [324]) Hermann Grimm, Goethevorlesungen I, S. 39.
 [325]) II, 94. Vers 3 aus dem „Kampf der Tugend".
 [326]) Gellertbuch S. 280 ff.: „Ein Gang auf den Leipziger Friedhof". Hier sagt der Verfasser von sich und Gellert: „An seinem Grabe hat mein Herz gefunden, was ihm gefiel; des Lebens Zweck und Wert hat sich mir hier aus Nacht in Licht verklärt."
 [327]) Aufrichtige Gesinnungen über das Natürliche und Übertriebene bey denen auf den Tod des verehrungswürdigen Gellerts herausgekommenen

welches während der Ostermesse 1770 verkauft wurde. Hier wurde angesichts der Unzahl von weinerlichen Grabschriften über Gellerts Tod dem Leser gesagt, man thue Unrecht, wenn man den Verlust dieses Mannes auf eine übertriebene Art bedauere, als ob die Welt mit ihm alles verloren hätte. „Unser Gellert war ein Mensch wie andere Menschen.... unter seinen Vollkommenheiten leuchtete immer noch viel Unvollkommenes hervor."
Lauter und deutlicher erklang die Kritik in dem Briefwechsel, der unter dem Titel: „Über den Wert einiger deutschen Dichter und über andere Gegenstände, den Geschmack und die schöne Litteratur betreffend" 1771 und 1772 in zwei Abteilungen erschien. Die Verfasser — Mauvillon und Unzer — hatten sich nicht genannt. Sie urteilten in hartem Tone, und Goethe sah voraus, dass sie bei einem Publikum, dem „an Gellert, die Tugend und die Religion glauben" beinahe eins war, grossen Zorn erregen würden.

Gellert wird von ihnen hingestellt als ein schwacher Poet ohne einen Funken von Genie (z. B. I, 40. 59), der seinen Ruhm nicht den Kunstrichtern, sondern der frei zugewandten Gunst des Publikums verdanke (I, 64) und zwar eines Publikums, das, selbst durchaus seicht, keinen Geschmack besitze und bisher die schöne Litteratur nur in einer höchst kläglichen Gestalt kennen gelernt habe (I, 43. 75). So sei er mit seinen nur wenig besseren Leistungen „das goldene Kalb", der „Abgott der Nation" geworden (I, 79. 117). — Gellerts persönliche Moralität wird von den Verfassern gelegentlich als ein „wirklich edler Zug in dem Charakter seiner Schriften" anerkannt (I, 194), seine Tugendlehre aber genauer untersucht. Zunächst wird der wissenschaftliche Wert der moralischen Vorlesungen geprüft. Einen solchen vermögen die Briefschreiber nicht zu finden. Gellert habe vielmehr die auf dunkeln Gefühlen beruhenden sittlichen Vorstellungen seiner Mitmenschen unbewiesen angenommen, ohne auf ihren Grund zu gehen, und dieselben in den Herzen seiner Hörer und Leser zu stärken gesucht (I, 255). Auch habe er in seinen sittlichen Aufstellungen keinen Zusammenhang, „nichts richtig Schliessendes" (I, 262). Daher sei die nunmehr gedruckte Moral für Leute, „die keine Wissenschaften haben, die den Zusammenhang nicht einsehen können, bei denen aber doch die einzelnen Stellen einen guten Eindruck zu machen vermögen", ein sehr gutes, gemeinnütziges Buch (I, 242), indem sie ihren

---

Gedächtnisschriften. Leipziger Ostermesse. — Die Schrift, welche der Freiherr von Schönaich 1754 anonym unter dem Titel: „Die ganze Ästhetik in einer Nuss oder neologisches Wörterbuch u. s. f." herausgab, trägt zu sehr den Charakter der Schmähschrift und kommt mit ihren unbedeutenden Äusserungen über Gellert (dem S. 282 ungerechterweise starker Ehrgeiz vorgeworfen wird) hier nicht in Betracht.

Empfindungen eine gewisse Richtung gebe (I, 266). Für gebildete, denkende Menschen aber sei sein Werk nichts, so sehr die Lobreden auf Tugend und Religion ein Zeugnis von des Verfassers vortrefflichem Charakter wären (I, 308. 242). — Ausserdem erheben die beiden Briefschreiber gegen Gellert noch den Vorwurf, er habe, indem er Weichlichkeit und Schwachheit der Seele angepriesen, unter fortwährendem Lobe eines guten, empfindlichen Herzens die Temperaments-, Erziehungs- und Vorurteilstugend empfohlen und so unter Herabsetzung grosser Tugenden kleine in den Himmel erhoben (I, 275. II. 2). Wenn daher das Vaterland Verteidiger brauche, könne es die durch Gellerts Schwachheit angesteckten Seelen nicht gebrauchen (I, 268). — Ebenso schädlich seien Gellerts Schriften durch die gelegentlich falschen Grundsätze über Gelehrsamkeit geworden. Die Hörer hätten über ihrem guten Herzen und über der Lektüre Gellertscher Schriften, in denen u. a. ein Polyhistor lächerlich gemacht werde, das fleissige, gründliche Arbeiten verlernt (I, 279).

An diese Kritik, der sich Goethe in seiner Recension des Briefwechsels[328]) im wesentlichen anschloss und die längere Zeit hindurch die einzige bedeutende blieb, knüpften auch neuere Litterarhistoriker (Koberstein, Gervinus, Vilmar, Muncker) insofern an, als sie den grossen Einfluss Gellerts eben aus der Mittelmässigkeit seiner Leistungen erklärten, die für die Auffassungskraft des Durchschnittspublikums gerade ausreichend gewesen sei.

Ausführlich und gründlich, vor allem auch nach der socialen und sittlichen Seite hin, beurteilte Karl Biedermann in seinem Werke „Deutschland im 18. Jahrhundert"[329]) Gellerts Bedeutung. Er geht über die blosse Negation hinaus und zeigt Gellert als einen Mann, welcher der Nation auf litterarischem, aber auch auf sittlichem Gebiete zu einer besseren, selbständigeren Denk- und Empfindungsweise verholfen habe, die im Gegensatz zu falscher Orthodoxie und falschem Pietismus lebendige, innere Frömmigkeit ohne äusseren Zwang in den irdischen Lebensverhältnissen bethätigte. Er zeigt, wie Gellert die leichtfertige französische Glückseligkeitslehre kräftig zurückwies und wie er mit seinen freimütigen und humanen Äusserungen über die Standesverhältnisse auch auf socialem Gebiete mit wirklich originellen Gedanken hervortrat. Er weist ferner nach, wie die äusseren Verhältnisse in Deutschland, das sich bei Adel und Bürgerschaft wieder regende sittliche Gefühl, der siebenjährige Krieg und die Bedeutung der Universität Leipzig die Erfolge Gellerts unterstützten, und geht dann zur eingehen-

---

[328]) Frankfurter gelehrte Anzeigen 1772 Nr. XV vom 21. Febr., bei Hempel XXIX S. 13 f.
[329]) 2. Band, 2. Teil. S. 3—70.

den Darlegung der Mängel über, welche die von Gellert versuchte sociale und sittliche Reform besessen habe. Wenn erstere an dem gänzlich unpolitischen Charakter der Gellertschen Lebensphilosophie leide, so zeige sich auf sittlichem Gebiet eine einseitige Verzärtelung des Empfindungslebens und eine bedenkliche, mehr auf Stimmungen als auf Grundsätzen ruhende kasuistische Moral.

Abschliessendes Urteil.

Den Ausführungen des letzten Beurteilers stimmen wir im wesentlichen bei; auch an der Kritik von Mauvillon und Unzer erscheint uns vieles als wahr, vor allem, dass Gellert kein dichterisches Genie war, und dass seine moralischen Vorlesungen keine wissenschaftliche Leistung sind. Im übrigen aber halten wir uns auf Grund der gegebenen Darstellung vom religiösen Wirken Gellerts zu folgenden Bemerkungen für berechtigt:

1) Das hohe Ansehen und die liebevolle Verehrung dieses Mannes im deutschen Volke lässt sich nun und nimmer aus dem mittelmässigen ästhetischen Werte seiner Schriften ausreichend erklären. Wurde er bloss deshalb so allgemein verstanden, verehrt und geliebt, weil er „kein Genie" war, so müssten auch andere mittelmässige Dichter den gleichen Ruhm unschwer erlangt haben. Aber Gellerts Beliebtheit ist ein einzigartiges Schauspiel geblieben. Vielmehr dürfte ihm sein zielbewusstes, gesegnetes religiöses Wirken im Herzen des Volkes den Ehrenplatz erobert haben, von dem ihn auch das kommende Geniewesen nicht vertreiben konnte. Und die weite Verbreitung seiner Schriften, angebahnt durch das sicher propädeutische Verdienst Gellerts um den erwachenden guten Geschmack und durch die zeitweilige Harmonie zwischen seinem Geschmack und dem des Volkes, würde dann nur eine der glücklichen Voraussetzungen bilden, unter denen jenes religiöse Wirken in so ausgedehntem Masse zu stande kommen konnte.

2) Den unpolitischen Charakter der Gellertschen Lebensphilosophie und die Verzärtelung des Empfindungslebens zugegeben, darf man doch die gelegentlich kasuistische Moral [330]) beim Urteil über Gellerts religiöses Wirken nicht zu schwer wiegen lassen, einmal, weil beides verbreitete Fehler seiner Zeit waren, sodann aber besonders, weil Gellert nach dem Mass seiner besseren Erkenntnis versuchte, gegen diese allgemeine Strömung, die auch ihn mitgerissen hatte, anzukämpfen. Denn wenn er vor seiner Unterredung mit Friedrich dem Grossen betete, dass er nichts wider sein Gewissen reden möchte [331]), so

---

[330]) Sie tritt z. B. in dem Antwortschreiben auf, welches Gellert dem um der Religion willen in ein Duell geratenen Offizier sendet.
[331]) Sch. ep 53.

ist das kein Beweis von grosser Willensschwäche, sondern ein schönes Zeugnis christlicher Bemühung, auch im Verkehr mit Höhergestellten unter Beiseitesetzung jeder kasuistischen Moral die Wahrheit der Religion ebenso zu vertreten, wie vor dem niederen Manne aus dem Volke. Und die Beharrlichkeit, mit der er Einladungen [332]) stets ausschlug, wenn er gerade den Gottesdienst besuchen oder „das wichtigste Werk", Beichte und heiliges Abendmahl, begehen wollte, beweist ebenfalls, dass er für seine Person ernstlich bestrebt war, seine sittlichen Anschauungen in charaktervoller Weise in Thaten umzusetzen.

3) Indem Gellert den litterarischen Geschmack des Volkes zu bilden suchte, wollte er dasselbe auch religiös fördern. Als nun der Gellertsche gute Geschmack in den schönen Wissenschaften von der litterarischen Entwickelung schnell überholt wurde, brachen viele Litterarhistoriker über diesem, aber leider zu schnell auch über der religiösen Bedeutung Gellerts den Stab. So richtig Mauvillon und Unzer den Mangel an Genie in den Dichtungen und die Unwissenschaftlichkeit in den moralischen Vorlesungen erkannten, so wenig wurden sie doch den religiösen Verdiensten Gellerts gerecht, die uns noch heute Bewunderung abnötigen.

Denn mögen uns auch die bisweilen unklaren dogmatischen Aufstellungen Gellerts unbefriedigt lassen, mag uns auch die grosse Schüchternheit seines Wesens, welche auf seine Religiosität überging, mit Recht als krankhaft erscheinen, er war doch eine einzigartige religiöse Persönlichkeit mit geschlossener, biblischer Weltanschauung. Staunen muss man, wie sehr er, mitten hineingestellt zwischen entgegengesetzte theologische Strömungen, weit entfernt von der glaubensstarken Vergangenheit der Reformation und von der Erneuerung des lebendigen Glaubens in unserm Jahrhundert, nicht nur persönlich einen lebendigen christlichen Glauben besass, sondern auch mit Erfolg bemüht war, andern dazu zu verhelfen; staunen, mit welch hoher Selbstüberwindung er auch in Zeiten der Krankheit die trübe Stimmung seines Herzens niederkämpfte [333]) und das Christentum seines Mundes im Leben bewies, um andern dadurch religiöse Dienste zu thun. Man hat zwar seiner Apologetik vorgeworfen, dass sie in die Wunder der Erlösung nicht einzudringen versuche, sondern ohne Spekulation vor ihnen stehen bleibe. Für Gellert als Theologen mag dies ein Mangel sein, nicht aber für ihn als Christen, auch nicht für seine religiöse Wirksamkeit.

---

[332]) Z. B. Einladungen in das Gräflich Vitzthumsche Haus. — Sch. ep. 61. 74. 85. — VIII, ep. 164.

[333]) Man erstaunt und erschrickt fast, wenn man nach der Lektüre von Gellerts Briefen aus dem Jahre 1761 zu dem gleichzeitigen Tagebuch übergeht; denn hier erst merkt man, wie krank Gellert eigentlich war.

Denn es liegt jenem Verzicht auf die Lösung göttlicher Geheimnisse ein kindlicher Glaube zu Grunde, der die Heilswahrheiten annimmt, wie sie geboten werden. Und gerade durch diese innige, reflexionslose Hingabe an die göttlichen Wahrheiten erzielte Gellert viele seiner Erfolge, weil auch damals die weiteren Kreise des Volkes das leuchtende Vorbild eines wirklich gläubigen gebildeten Christen mehr bedurften und schätzten, als den verstandesgemässen Beweis des Glaubens. — Noch ein anderer Zug seines religiösen Wirkens tritt hervor. Nie hat Gellert, wie viele seiner Zeitgenossen, mit finsterer Androhung der ewigen Höllenstrafen unter Zurücksetzung der allumfassenden Liebe Gottes den Sündern den Himmel vorzeitig verschlossen; sondern, so hohe sittliche Strenge ihn erfüllt, seine Auffassung vom Himmelreich war die eines herrlichen Gottesgartens[334]), in welchen alle eingeladen sind, und die Grundstimmung seines Christentums ist echt evangelische Fröhlichkeit, herausgeboren aus der schönen Aussicht auf die jenseitige Vollendung.

Die beste Rechtfertigung der religiösen Wirksamkeit Gellerts liegt indessen in ihrem Erfolge. G. H. v. Schubert bemerkt[335]) mit Recht, Gellert habe ausser seiner Wirksamkeit auf die Jünglinge, die ihn als Lehrer liebten und verehrten, noch eine besondere Gabe empfangen, nämlich den erweckenden und bildenden Einfluss auf jene Zeitgenossen, welche den höheren Ständen angehörten. Darin liege seine providentielle Bedeutung. Auch wir fanden, dass sich Gellerts religiöser Einfluss nicht auf die niederen und mittleren Schichten des Volkes allein erstreckte, dass er vielmehr auch den höchsten Kreisen fühlbar wurde und in vielen Fällen ein nachhaltiger blieb. Dann aber darf Goethes Urteile über Gellerts religiöse Dozentenwirksamkeit[336]) — der Eindruck habe nicht lange nachgehalten — bloss beschränkte Geltung beigelegt werden. Dasselbe beweist nur, dass auch die edelsten Geister eines Volkes nie bei allen Mitmenschen erreichen, was sie angestrebt haben. Der Gesamteindruck von Gellerts religiöser Wirksamkeit bleibt bestehen, dass er nämlich, um mit Worten[337]) zu reden, die an der Leipziger Hochschule zur hundertsten Wiederkehr seines Todestages gesprochen wurden, bei mässiger Begabung „durch Treue und Wahrhaftigkeit, durch sittliche Arbeit und religiösen Ernst zum überfliessenden Gefäss des Segens für eine ganze Nation" geworden ist.

---

[334]) Den Hinweis hierauf verdankt Verfasser der Güte des Herrn Professors Dr. Hildebrand.

[335]) G. H. v. Schubert, Züge aus Gellerts Leben. S. 25.

[336]) Dichtung und Wahrheit, 7. Buch. Hempel XXI, S. 76.

[337]) Chr. Ernst Luthardt: Christian Fürchtegott Gellert. Rede, am 13. Dezember 1869 in der Aula der Leipziger Universität gehalten und mit Erläuterungen versehen. Leipzig, Dörffling und Franke. 1870.

Inhaltsübersicht.

Seite.
Einleitung . . . . 13.
I. Voraussetzungen einer ausgebreiteten religiösen Wirksamkeit Gellerts. S. 14—26.
  A. Innere: Gellerts Christentum. S. 14—19.
    1. Theologische Strömungen in Gellerts erster Lebenshälfte . 14.
    2. Gellert von Haus aus eine religiöse Natur . . . . 15.
    3. Beeinflussung seiner theologischen Ausbildung und Religiosität durch jene theologischen Richtungen . . . . 16.
    4. Der Drang nach religiöser Wirksamkeit . . . . . 19.
  B. Äussere: Gellerts Lebensführung. S. 20—26.
    1. Schriftstellerische Thätigkeit . . . . 20.
    2. Akademische Lehrthätigkeit . . . . 23.
II. Darstellung der religiösen Wirksamkeit Gellerts nach Umfang und Inhalt. S. 26—57.
  A. Religiöses Wirken auf grössere Kreise. S. 26—42.
    1. Vom akademischen Lehrstuhl herab. S. 26—36.
      a) Sämtliche Vorlesungen müssen diesem Zwecke dienen . 26.
      b) Religiöser Gehalt seiner Vorlesungen . . . . 27.
      c) Vorzüge äusserer Art, welche Gellerts Einfluss unterstützten . . . . 32.
      d) Vorzüge innerer Art: Gellert als imponierende christliche Persönlichkeit . . . . 34.
    2. Durch seine Schriften. S. 36—42.
      a) Welche kommen in Betracht? . . . . . . 36.
      b) Sorgfältige Ausarbeitung derselben . . . . 37.
      c) Religiöser Gehalt . . . . 38.
      d) Apologetischer Charakter . . . . 41.
  B. Religiöses Wirken auf Einzelne. S. 42—57.
    1. Im persönlichen Verkehr. S. 42—49.
      a) mit seinen Hörern . . . . 42.
      b) mit anderen . . . . 46.
    2. Durch seine Briefe. S. 49.
      a) Entstehung und Umfang seines Briefwechsels . . 49.
      b) Seelsorgerliche Anfragen und Bitten aus den höheren Ständen . . . . 50.
      c) Stellenvermittlung . . . . 52.
      d) Briefwechsel mit Freunden . . . . . . 53.
III. Erfolge und Würdigung seines religiösen Wirkens. S. 57—72.
  A. Bei den Zeitgenossen. S. 57—66.
    1. So lange Gellert lebte. S. 57—64.
      a) bei seinen Hörern . . . . . . 57.
      b) bei weiteren Kreisen . . . . . 60.
    2. Als er gestorben war. S. 64—66.
  B. Bei der Nachwelt. S. 66—70.
    1. Religiöse Nachwirkungen . . . . 66.
    2. Kritik . . . . 67.
Abschliessendes Urteil . . . . 70.